RUDOLF STEINER

ANWEISUNGEN
FÜR EINE ESOTERISCHE SCHULUNG

RUDOLF STEINER

Anweisungen
für eine esoterische Schulung

Aus den Inhalten der
«Esoterischen Schule»

RUDOLF STEINER VERLAG

Herausgegeben von der Rudolf Steiner Nachlassverwaltung
Die Herausgabe besorgten Günther Schubert und Hella Wiesberger

6. Auflage 2018
© 1979 Rudolf Steiner Nachlassverwaltung, Dornach
© 2018 Rudolf Steiner Verlag

Druck und Bindung: Christian Theiss GmbH, St. Stefan
ISBN 978-3-7274-5515-5

www.steinerverlag.com

ZU DIESER AUSGABE

Die vorliegende Ausgabe entspricht inhaltlich der 1. bis 5. Auflage (1968–1979) des gleichnamigen Bandes (GA 245) innerhalb der Rudolf Steiner Gesamtausgabe.

Dieser Band erscheint ab der 7. Auflage (ca. 1994) in einer wesentlich veränderten und erweiterten Fassung unter der GA-Nr. 266.

Zu den früheren, durch Marie Steiner herausgegebenen Einzelveröffentlichungen siehe im Nachwort, Seite 165f.

---

* Siehe auch die Literaturhinweise auf Seite 175.

INHALT

IV

ERLÄUTERUNGEN
IN ESOTERISCHEN STUNDEN

V

VI

DIE AUFGABE DER GEISTESWISSENSCHAFT

Notizen von einem Berliner Vortrag aus dem Jahre 1903 oder 1904

Es gibt ein schönes Wort *Hegels:* der tiefste Gedanke ist mit der Gestalt Christi, der geschichtlichen und äußerlichen, verbunden. Und es ist das Große an der christlichen Religion, daß sie für jede Stufe der Bildung da ist. Das naivste Bewußtsein kann sie erfassen und zugleich ist sie eine Aufforderung zur tiefsten Weisheit.

Daß die christliche Religion für jede Stufe des Bewußtseins begreiflich ist, das hat schon die Geschichte ihrer Entwickelung gelehrt. Daß sie auffordert zum Eindringen in die tiefsten Weisheitslehren des Menschentums überhaupt, das zu zeigen, muß die Aufgabe der theosophischen Geistesströmung sein, oder der Geisteswissenschaft überhaupt, wenn diese ihre Aufgabe versteht. Theosophie ist keine Religion, sondern ein Werkzeug zum Verständnis der Religionen. Sie verhält sich zu den religiösen Urkunden so, wie etwa die mathematische Lehre zu den Urkunden, welche als mathematische Lehrbücher aufgetreten sind. Man kann die Mathematik verstehen aus den eigenen Geisteskräften heraus, die Gesetze des Raumes einsehen ohne Rücksicht auf jenes alte Buch. Aber wenn man sie eingesehen hat, die geometrischen Lehren in sich aufgenommen hat, so wird man dies alte Buch desto mehr schätzen, das zuerst vor den menschlichen Geist diese Gesetze hingestellt hat. So ist es mit der Theosophie. Ihre Quellen sind nicht in den Urkunden, beruhen nicht auf Überlieferung. Ihre Quellen sind in den realen geistigen Welten; dort hat man sie zu finden und zu fassen, indem man seine eigenen geistigen Kräfte entwickelt, wie man die Mathematik erfaßt, indem man die Kräfte seiner Intellektualität zu entwickeln sucht. Unser Intellekt, der uns zum Erfassen der Gesetze der Sinneswelt dient, wird getragen von einem Organ, dem Gehirn. Zum Erfassen der

Gesetze geistiger Welten bedürfen wir ebenfalls entsprechender Organe. Wie haben sich unsere physischen Organe entwickelt?

Dadurch, daß äußere Kräfte an ihnen gearbeitet haben: die Kräfte der Sonne, die Kräfte des Schalles. So entstand das Auge, so entstand das Ohr – aus neutralen dumpfen Organen, die ein Eindringen der Sinneswelt zunächst nicht gestatteten und nur langsam sich öffneten. So werden sich auch unsere geistigen Organe öffnen, wenn die richtigen Kräfte an ihnen arbeiten.

Welches sind nun die Kräfte, die auf unsere jetzt noch dumpfen geistigen Organe einstürmen? Tagsüber dringen auf den astralischen Leib des heutigen Menschen solche Kräfte ein, die seiner Entwickelung entgegenarbeiten, die sogar solche Organe, die er früher hatte, als das helle Tagesbewußtsein sich ihm noch nicht erschlossen hatte, ertöten. Früher nahm der Mensch astralische Eindrücke unmittelbar wahr. Die Umwelt sprach zu ihm durch Bilder, durch die Ausdrucksform der astralischen Welt. Lebendige, in sich gegliederte Bilder, Farben schwebten frei umher im Raum als Ausdruck von Lust und Unlust, Sympathie und Antipathie. Dann legten sich diese Farben gleichsam um die Oberfläche der Dinge, die Gegenstände bekamen feste Konturen. Das war, als des Menschen physischer Leib immer fester und gegliederter wurde. Als seine Augen sich voll dem physischen Licht öffneten, als der Schleier der Maja sich vor die geistige Welt legte, erhielt der astralische Leib des Menschen die Eindrücke der Umwelt auf dem Wege durch den physischen und Ätherleib, er selbst übermittelte sie dann dem Ich, von wo aus sie in das Bewußtsein des Menschen traten. Er war somit beständig in Anspruch genommen, beständig tätig. Aber was so an ihm arbeitete, waren nicht plastische, bildsame Kräfte, seiner eigenen Wesensart entsprechend. Es waren Kräfte, die an ihm zehrten, ihn ertöteten, um das Ich-Bewußtsein zu erwecken. Nur in der Nacht, wenn er untertauchte in die ihm homogene rhythmisch-geistige Welt, stärkte er sich neu und konnte auch dem physischen und Ätherleib wieder Kräfte zuführen. Aus dem Widerstreit der Eindrücke, aus dem Abtöten der früher im Menschen unbewußt wirkenden astralen Organe, war das Leben des einzelnen Ich, das Ich-Bewußtsein entstanden. Aus Leben Tod, aus Tod Leben. Der Kreis der Schlange war geschlossen. Jetzt mußten aus diesem wachgewordenen Ich-Bewußtsein heraus die Kräfte kommen, die in den erstorbenen Überresten früherer astralischer Organe wieder Leben entfachten, sie plastisch bildeten.

Zu diesem Ziele bewegt sich die Menschheit, dahin wird sie geleitet durch ihre Lehrer, ihre Führer, die großen Eingeweihten, deren Symbol ja auch die Schlange ist. Es ist eine Erziehung zur Freiheit hin, deshalb eine langsame, eine schwierige. Die großen Eingeweihten könnten sozusagen sich und den Menschen die Aufgabe leichter machen, wenn sie den astralischen Leib des Nachts, wenn er frei ist, so bearbeiteten, daß sie die astralischen Organe in ihn hineinprägten, von außen auf ihn wirkten. Aber das wäre dann ein Wirken innerhalb des Traumbewußtseins des Menschen, ein Eingreifen in seine Freiheitssphäre. Das höchste Prinzip des Menschen, der Wille, käme nie zur Entfaltung. Stufenweise wird der Mensch geführt. Es hat eine Initiation gegeben in der Weisheit, eine im Gemüt, eine im Willen. Das echte Christentum ist die Zusammenfassung aller Initiationsstufen. Die Initiation des Altertums war die Vorherverkündigung, die Vorbereitung. Langsam und allmählich emanzipierte sich der neuere Mensch von seinem Einweiher, seinem Guru. Zunächst in vollem Trancebewußtsein, aber ausgerüstet mit den Mitteln, hineinzuprägen in den physischen Leib die Erinnerung an das, was außerhalb des physischen Leibes geschehen war, ging die Einweihung vor sich. Deshalb die Notwendigkeit, auch den Ätherleib, den Träger des Gedächtnisses, herauszulösen mitsamt dem astralen. In das Meer der Weisheit, in Mahadeva, in das Licht des Osiris, tauchten beide unter. In dem tiefsten Geheimnis, in völliger Abgeschlossenheit, ging diese Einweihung vor sich. Kein Hauch der Außenwelt durfte sich dazwischen drängen. Der Mensch war dem äußeren Leben wie erstorben, die zarten Keime wurden abseits des blendenden Tageslichts gepflegt.

Dann trat die Einweihung heraus aus dem Dunkel der Mysterien in das hellste Licht des Tages. In einer großen, gewaltigen Persönlichkeit, dem Träger des höchsten einigenden Prinzips, des Wortes, das den verborgenen Vater ausdrückt, das seine Manifestation ist, das, indem es menschliche Gestalt annahm, deshalb zum Menschensohn wurde und Repräsentant sein konnte für die ganze Menschheit, einigendes Band aller Iche: in Christos, dem Lebensgeist, dem Ewig-Einigenden vollzog sich historisch – zugleich sinnbildlich – die Einweihung der ganzen Menschheit auf der Stufe des Gefühls, des Gemüts. Von einer Gewalt war dieses Ereignis, daß es nachwirken konnte in jedem Einzelnen, der ihm nachlebte, bis ins Physische hinein, bis in das Auftreten der Wundmale, bis in die bohrendsten Schmerzen. Und alle Gefühlstiefen wurden aufgerüttelt. Eine Intensität des Empfindens entstand, wie sie in solch mächtigen Wogen sonst nie die Welt durchflutet hat. In der Initiation am Kreuz der göttlichen Liebe hatte die Opferung des Ich für Alle stattgefunden. Der physische Ausdruck des Ich, das Blut, war hingeflossen in Liebe für die Menschheit und wirkte so, daß Tausende sich zu dieser Initiation, zu diesem Tode drängten und ihr Blut hinströmen ließen in Liebe, in Enthusiasmus für die Menschheit. Wie viel Blut auf diese Weise hingeflossen ist, ist nie genug betont worden, kommt den Menschen nicht mehr zum Bewußtsein, auch nicht in theosophischen Kreisen. Doch die Wellen der Begeisterung, die in diesem hinströmenden Blut niederflossen und aufstiegen, haben ihre Aufgabe getan. Sie sind mächtige Impulsgeber geworden. Sie haben den Menschen reif gemacht zur Initiation des Willens.

Und dies ist das Vermächtnis des Christus.

I

Allgemeine Anforderungen
(Nebenübungen)

Allgemeine Anforderungen,
die ein jeder an sich selbst stellen muß,
der eine okkulte Entwickelung durchmachen will

In dem Folgenden werden die Bedingungen dargestellt, die einer okkulten Entwickelung zugrunde liegen müssen. Es sollte niemand denken, daß er durch irgendwelche Maßnahmen des äußeren oder inneren Lebens vorwärtskommen könne, wenn er diese Bedingungen nicht erfüllt. Alle Meditations- und Konzentrations- und sonstigen Übungen werden wertlos, ja, in einer gewissen Beziehung sogar schädlich sein, wenn das Leben nicht im Sinne dieser Bedingungen sich regelt. Man kann dem Menschen keine Kräfte geben; man kann nur die in ihm schon liegenden zur Entwickelung bringen. Sie entwickeln sich nicht von selbst, weil es äußere und innere Hindernisse für sie gibt. Die äußeren Hindernisse werden behoben durch die folgenden Lebensregeln. Die inneren durch die besonderen Anweisungen über Meditation und Konzentration usw.

Die erste Bedingung ist die Aneignung eines vollkommen klaren Denkens. Man muß zu diesem Zwecke sich, wenn auch nur eine ganz kurze Zeit des Tages, etwa fünf Minuten (je mehr, desto besser) freimachen von dem Irrlichtelieren der Gedanken. Man muß Herr in seiner Gedankenwelt werden. Man ist nicht Herr, wenn äußere Verhältnisse, Beruf, irgendwelche Tradition, gesellschaftliche Verhältnisse, ja, selbst die Zugehörigkeit zu einem gewissen Volkstum, wenn Tageszeit, bestimmte Verrichtungen usw., usw., bestimmen, daß man einen Gedanken hat, und wie man ihn ausspinnt. Man muß sich also in obiger Zeit ganz nach freiem Willen leer machen in der Seele von dem gewöhnlichen, alltäglichen Gedankenablauf und sich aus eigener Initiative einen Gedanken in den Mittelpunkt der Seele rücken. Man braucht nicht zu glauben, daß dies ein hervorragender oder interessanter Gedanke sein muß; was in okkulter Beziehung erreicht werden soll, wird sogar besser erreicht, wenn man anfangs sich bestrebt, einen möglichst uninteressanten und unbedeutenden Gedanken zu wählen. Dadurch wird die selbsttätige Kraft des Denkens, auf die es ankommt, mehr erregt, während bei einem Gedanken, der interessant ist, dieser selbst das Denken fortreißt. Es ist besser, wenn diese Bedingung der Gedankenkontrolle mit einer Stecknadel, als wenn sie mit Napoleon dem Großen vorgenommen wird. Man sagt sich: Ich gehe jetzt von diesem Gedanken aus und reihe an ihn durch eigenste innere Initiative alles, was sachgemäß mit ihm verbunden werden kann. Der Gedanke soll dabei am Ende des Zeitraumes noch ebenso farbenvoll und lebhaft vor der Seele stehen wie am Anfang. Man mache diese Übung Tag für Tag, mindestens einen Monat hindurch; man kann jeden Tag einen neuen Gedanken vornehmen; man kann aber auch einen Gedanken mehrere Tage festhalten. Am Ende einer solchen Übung versuche man, das innere Gefühl von Festigkeit und Sicherheit, das man bei subtiler Aufmerksamkeit auf die eigene Seele bald bemerken wird, sich voll zum Bewußtsein zu bringen, und dann beschließe man die Übungen dadurch, daß. man an sein Haupt und an die Mitte des Rückens (Hirn und Rückenmark) denkt, so wie wenn man jenes Gefühl in diesen Körperteil hineingießen wollte.

Hat man sich etwa einen Monat also geübt, so lasse man eine zweite Forderung hinzutreten. Man versuche irgendeine Handlung zu erdenken, die man nach dem gewöhnlichen Verlaufe seines bisherigen Lebens ganz gewiß nicht vorgenommen hätte. Man mache sich nun diese Handlung für jeden Tag selbst zur Pflicht. Es wird daher gut sein, wenn man eine Handlung wählen kann, die jeden Tag durch einen möglichst langen Zeitraum vollzogen werden kann. Wieder ist es besser, wenn man mit einer unbedeutenden Handlung beginnt, zu der man sich sozusagen zwingen muß, zum Beispiel man nimmt sich vor, zu einer bestimmten Stunde des Tages eine Blume, die man sich gekauft hat, zu begießen. Nach einiger Zeit soll eine zweite dergleichen Handlungen zur ersten hinzutreten, später eine dritte und so fort, soviel man bei Aufrechterhaltung seiner sämtlichen anderen Pflichten ausführen kann. Diese Übung soll wieder einen Monat lang dauern. Aber

16

man soll, soviel man kann, auch während dieses zweiten Monats der ersten Übung obliegen, wenn man sich diese letztere auch nicht mehr so zur ausschließlichen Pflicht macht wie im ersten Monat. Doch darf sie nicht außer acht gelassen werden, sonst würde man bald bemerken, wie die Früchte des ersten Monats bald verloren sind und der alte Schlendrian der unkontrollierten Gedanken wieder beginnt. Man muß überhaupt darauf bedacht sein, daß man diese Früchte, einmal gewonnen, nie wieder verliere. Hat man eine solche durch die zweite Übung vollzogene Initiativ-Handlung hinter sich, so werde man sich des Gefühles von innerem Tätigkeitsantrieb innerhalb der Seele in subtiler Aufmerksamkeit bewußt und gieße dieses Gefühl gleichsam so in seinen Leib, daß man es vom Kopfe bis über das Herz herabströmen lasse.

Im dritten Monat soll als neue Übung in den Mittelpunkt des Lebens gerückt werden die Ausbildung eines gewissen Gleichmutes gegenüber den Schwankungen von Lust und Leid, Freude und Schmerz, das «Himmelhochjauchzend, zu Tode betrübt» soll mit Bewußtsein durch eine gleichmäßige Stimmung ersetzt werden. Man gibt auf sich acht, daß keine Freude mit einem durchgehe, kein Schmerz einen zu Boden drücke, keine Erfahrung einen zu maßlosem Zorn oder Ärger hinreiße, keine Erwartung einen mit Ängstlichkeit oder Furcht erfülle, keine Situation einen fassungslos mache, usw., usw. Man befürchte nicht, daß eine solche Übung einen nüchtern und lebensarm mache; man wird vielmehr alsbald bemerken, daß an Stelle dessen, was durch diese Übung vorgeht, geläutertere Eigenschaften der Seele auftreten; vor allem wird man eines Tages eine innere Ruhe im Körper durch subtile Aufmerksamkeit spüren können; diese gieße man, ähnlich wie in den beiden oberen Fällen, in den Leib, indem man sie vom Herzen nach den Händen, den Füßen und zuletzt nach dem Kopfe strahlen läßt. Dies kann natürlich in diesem Falle nicht nach jeder einzelnen Übung vorgenommen werden, da man es im Grunde nicht mit einer einzelnen Übung zu tun hat, sondern mit einer fortwährenden Aufmerksamkeit auf sein inneres Seelenleben. Man muß sich jeden Tag wenigstens einmal diese innere Ruhe vor die Seele rufen und dann die Übung des Ausströmens vom Herzen vornehmen. Mit den Übungen des ersten und zweiten Monats verhalte man sich, wie mit der des ersten Monats im zweiten.

Im vierten Monat soll man als neue Übung die sogenannte Positivität aufnehmen. Sie besteht darin, allen Erfahrungen, Wesenheiten und Dingen gegenüber stets das in ihnen vorhandene Gute, Vortreffliche, Schöne usw. aufzusuchen. Am besten wird diese Eigenschaft der Seele charakterisiert durch eine persische Legende über den Christus Jesus. Als dieser mit seinen Jüngern einmal einen Weg machte, sahen sie am Wegrande einen schon sehr in Verwesung übergegangenen Hund liegen. Alle Jünger wandten sich von dem häßlichen Anblick ab, nur der Christus Jesus blieb stehen, betrachtete sinnig das Tier und sagte: Welch wunderschöne Zähne hat das Tier! Wo die andern nur das Häßliche, Unsympathische gesehen hatten, suchte er das Schöne. So muß der esoterische Schüler trachten, in einer jeglichen Erscheinung und in einem jeglichen Wesen das Positive zu suchen. Er wird alsbald bemerken, daß unter der Hülle eines Häßlichen ein verborgenes Schönes, daß selbst unter der Hülle eines Verbrechers ein verborgenes Gutes, daß unter der Hülle eines Wahnsinnigen die göttliche Seele irgendwie verborgen ist. Diese Übung hängt in etwas zusammen mit dem, was man die Enthaltung von Kritik nennt. Man darf diese Sache nicht so auffassen, als ob man schwarz weiß und weiß schwarz nennen sollte. Es gibt aber einen Unterschied zwischen einer Beurteilung, die von der eigenen Persönlichkeit bloß ausgeht und Sympathie und Antipathie nach dieser eigenen Persönlichkeit beurteilt. Und es gibt einen Standpunkt, der sich liebevoll in die fremde Erscheinung oder das fremde Wesen versetzt und sich überall fragt: Wie kommt dieses Andere dazu, so zu sein oder so zu tun? Ein solcher Standpunkt kommt ganz von selbst dazu, sich mehr zu bestreben, dem Unvollkommenen zu helfen, als es bloß zu tadeln und zu kritisieren. Der Einwand, daß die Lebensverhältnisse von vielen Menschen verlangen, daß sie tadeln und richten, kann hier nicht gemacht werden. Denn dann sind diese Lebensverhältnisse eben solche, daß der Betreffende eine richtige okkulte Schulung nicht durchmachen kann. Es sind eben viele Lebensverhältnisse vorhanden, die eine solche okkulte Schulung in ausgiebigem Maße nicht möglich machen. Da sollte eben der Mensch nicht ungeduldig verlangen, trotz alledem Fortschritte zu machen, die eben nur unter gewissen Bedingungen gemacht werden können. Wer einen Monat hindurch sich bewußt auf das Positive in allen seinen Erfahrungen hinrichtet, der wird nach und nach bemerken, daß sich ein Gefühl in sein Inneres schleicht, wie wenn seine Haut von allen Seiten durchlässig würde und seine Seele sich weit öffnete gegenüber allerlei geheimen und subtilen Vorgängen in seiner Umgebung, die vorher seiner Aufmerksamkeit völlig entgangen waren. Gerade darum handelt es sich, die in jedem Menschen vorhandene Aufmerksamlosigkeit gegenüber solchen subtilen Dingen zu bekämpfen. Hat man einmal bemerkt, daß dies beschriebene Gefühl wie eine Art von Seligkeit sich in der Seele geltend macht, so versuche man dieses Gefühl im Gedanken nach dem Herzen hinzulenken und es von da in die Augen strömen zu lassen, von da hinaus in den Raum vor und um den Menschen herum. Man wird bemerken, daß man ein intimes Verhältnis zu diesem Raum dadurch erhält. Man wächst gleichsam über sich hinaus. Man lernt ein Stück seiner Umgebung noch wie etwas betrachten, das zu einem selber gehört. Es ist recht viel Konzentration zu dieser Übung notwendig und vor allen Dingen ein Anerkennen der Tatsache, daß alles Stürmische, Leidenschaftliche, Affektreiche völlig vernichtend auf die angedeutete Stimmung wirkt. Mit der Wiederholung der Übungen von den ersten Monaten hält man es wieder so, wie für frühere Monate schon angedeutet ist.

Im fünften Monat versuche man dann in sich das Gefühl auszubilden, völlig unbefangen einer jeden neuen Erfahrung gegenüberzutreten. Was uns entgegentritt, wenn die Menschen gegenüber einem eben Gehörten und Gesehenen sagen: «Das habe ich noch nie gehört, das habe ich noch nie gesehen, das glaube ich nicht, das ist eine Täuschung», mit dieser Gesinnung muß der esoterische Schüler vollständig brechen. Er muß bereit sein, jeden Augenblick eine völlig neue Erfahrung entgegenzunehmen. Was er bisher als gesetzmäßig erkannt hat, was ihm als möglich erschienen ist, darf keine Fessel sein für die Aufnahme einer neuen Wahrheit. Es ist zwar radikal ausgesprochen, aber durchaus richtig, daß wenn jemand zu dem esoterischen Schüler kommt und ihm sagt: «Du, der Kirchturm der X-Kirche steht seit dieser Nacht völlig schief», so soll der Esoteriker sich eine Hintertür offen lassen für den möglichen Glauben, daß seine bisherige Kenntnis der Naturgesetze doch noch eine Erweiterung erfahren könne durch eine solche scheinbar unerhörte Tatsache. Wer im fünften Monat seine Aufmerksamkeit darauf lenkt, so gesinnt zu sein, der wird bemerken, daß sich ein Gefühl in seine Seele schleicht, als ob in jenem Raum, von dem bei der Übung im vierten Monat gesprochen wurde, etwas lebendig würde, als ob sich darin etwas regte. Dieses Gefühl ist außerordentlich fein und subtil. Man muß versuchen, dieses subtile Vibrieren in der Umgebung aufmerksam zu erfassen und es gleichsam einströmen zu lassen durch alle fünf Sinne, namentlich durch Auge, Ohr und durch die Haut, insofern diese letztere den Wärmesinn enthält. Weniger Aufmerksamkeit verwende man auf dieser Stufe der esoterischen Entwickelung auf die Eindrücke jener Regungen in den niederen Sinnen, des Geschmacks, Geruchs und des Tastens. Es ist auf dieser Stufe noch nicht gut möglich, die zahlreichen schlechten Einflüsse, die sich unter die auch vorhandenen guten dieses Gebiets einmischen, von diesen zu unterscheiden; daher überläßt der Schüler diese Sache einer späteren Stufe.

Im sechsten Monat soll man dann versuchen, systematisch in einer regelmäßigen Abwechslung alle fünf Übungen immer wieder und wieder vorzunehmen. Es bildet sich dadurch allmählich ein schönes Gleichgewicht der Seele heraus. Man wird namentlich bemerken, daß etwa vorhandene Unzufriedenheiten mit Erscheinung und Wesen der Welt vollständig verschwinden. Eine allen Erlebnissen versöhnliche Stimmung bemächtigt sich der Seele, die keineswegs Gleichgültigkeit ist, sondern im Gegenteil erst befähigt, tatsächlich bessernd und fortschrittlich in der Welt zu arbeiten. Ein ruhiges Verständnis von Dingen eröffnet sich, die früher der Seele völlig verschlossen waren. Selbst Gang und Gebärde des Menschen ändern sich unter dem Einfluß solcher Übungen, und kann der Mensch gar eines Tages bemerken, daß seine Handschrift einen anderen Charakter angenommen hat, dann darf er sich sagen, daß er eine erste Sprosse auf dem Pfade aufwärts eben im Begriffe zu erreichen ist. Noch einmal muß zweierlei eingeschärft werden:

Erstens, daß die besprochenen sechs Übungen den schädlichen Einfluß, den andere okkulte Übungen haben können, paralysieren, so daß nur das Günstige vorhanden bleibt. Und zweitens, daß sie den positiven Erfolg der Meditations- und Konzentrationsarbeit eigentlich allein sichern. Selbst die bloße noch so gewissenhafte Erfüllung landläufiger Moral genügt für den Esoteriker noch nicht, denn diese Moral kann sehr egoistisch sein, wenn sich der Mensch sagt: Ich will gut sein, damit ich für gut befunden werde. – Der Esoteriker tut das Gute nicht, weil er für gut befunden werden soll, sondern weil er nach und nach erkennt, daß das Gute allein die Evolution vorwärts bringt, das Böse dagegen und das Unkluge und das Häßliche dieser Evolution Hindernisse in den Weg legen.

Weitere Regeln in Fortsetzung der
«Allgemeinen Anforderungen»

Die folgenden Regeln sollten so aufgefaßt werden, daß jeder esoterische Schüler sein Leben womöglich so einrichtet, daß er sich fortwährend beobachtet und lenkt, ob er namentlich in seinem Innern den entsprechenden Forderungen nachlebt. Alle esoterische Schulung, namentlich wenn sie in die höheren Regionen aufsteigt, kann nur zum Unheil und zur Verwirrung des Schülers führen, wenn solche Regeln nicht beobachtet werden. Dagegen braucht niemand vor einer solchen Schulung zurückzuschrecken, wenn er sich bestrebt, im Sinne dieser Regeln zu leben. Dabei braucht er auch nicht zu verzagen, wenn er sich etwa sagen müßte: «Ich erfülle die damit gestellte Forderung ja doch noch sehr schlecht.» Wenn er nur das innerliche ehrliche Bestreben hat, bei seinem ganzen Leben diese Regeln nicht aus dem Auge zu verlieren, so genügt das schon. Doch muß diese Ehrlichkeit vor allen Dingen eine Ehrlichkeit vor sich selbst sein. Gar mancher täuscht sich in dieser Hinsicht. Er sagt: Ich will in reinem Sinne streben. – Würde er sich aber näher prüfen, so würde er doch bemerken, daß viel verborgener Egoismus, raffiniertes Persönlichkeitsgefühl im Hintergrunde lauern; solche Gefühle sind es namentlich, die sich sehr oft die Maske des selbstlosen Strebens aufsetzen und den Schüler irreführen. Es kann gar nicht oft genug durch innere Selbstschau ernstlich geprüft werden, ob man nicht dergleichen Gefühle doch im Innern seiner Seele verborgen hat. Man wird von solchen Gefühlen immer mehr durch energische Verfolgung eben der hier zu besprechenden Regeln frei werden. Diese Regeln sind:

Erstens: *Es soll in mein Bewußtsein keine ungeprüfte Vorstellung eingelassen werden.*

Man beobachte einmal, wie viele Vorstellungen, Gefühle und Willensimpulse in der Seele eines Menschen leben, die er durch Lebenslage, Beruf, Familienzusammengehörigkeit, Volkszugehör, Zeitverhältnisse usw. aufnimmt. Solcher Inhalt der Seele soll nicht etwa so auf-

gefaßt werden, als wenn die Austilgung eine für alle Menschen moralische Tat sei. Der Mensch erhält ja seine Festigkeit und Sicherheit im
Leben dadurch, daß ihn Volkstum, Zeitverhältnisse, Familie, Erziehung
usw. tragen. Würde er leichtsinnig solche Dinge von sich werfen, so
würde er bald stützlos im Leben dastehen. Es ist insbesondere für
schwache Naturen nicht wünschenswert, daß sie nach dieser Richtung
zu weit gehen. Namentlich soll sich ein jeder esoterische Schüler klar
machen, daß mit Beobachtung dieser ersten Regel einhergehen muß die
Erwerbung des Verständnisses für alle Taten, Gedanken und Gefühle
auch andrer Wesen. Es darf niemals dazu kommen, daß die Befolgung
dieser Regel zur Zügellosigkeit oder etwa dahin führe, daß jemand
sich sagt, ich breche mit allen Dingen, in die ich hineingeboren und
durch das Leben hineingestellt worden bin. Im Gegenteil, je mehr man
prüft, desto mehr wird man die Berechtigung dessen einsehen, was in
Eines Umgebung lebt. Nicht um das Bekämpfen und das hochmütige
Ablehnen dieser Dinge handelt es sich, sondern um das innere Frei-
werden durch sorgfältige Prüfung alles dessen, was in einem Verhältnis zu der eignen Seele steht. Man wird dann aus der Kraft dieser
eignen Seele heraus ein Licht verbreiten über sein ganzes Denken und
Verhalten, das Bewußtsein wird sich dementsprechend erweitern, und
man wird sich überhaupt aneignen, immer mehr und mehr die geistigen
Gesetze, die sich in der Seele offenbaren, sprechen zu lassen, und sich
nicht mehr in die blinde Gefolgschaft der umgebenden Welt stellen.
Es liegt nahe, daß gegenüber dieser Regel geltend gemacht werde: Wenn
der Mensch alles prüfen soll, so wird er ja insbesondere die okkulten
und esoterischen Lehren prüfen müssen, die ihm gerade von seinem
esoterischen Lehrer gegeben werden. – Es handelt sich darum, das Prüfen
im rechten Sinne zu verstehen. Man kann nicht immer eine Sache
direkt prüfen, sondern man muß vielfach indirekt diese Prüfung an-
stellen. Es ist zum Beispiel auch heute niemand in der Lage, direkt zu
prüfen, ob Friedrich der Große gelebt hat oder nicht. Er kann lediglich
prüfen, ob der Weg, auf dem die Nachrichten über Friedrich den
Großen auf ihn gekommen sind, ein vertrauenswürdiger ist. Hier muß

die Prüfung am richtigen Ort einsetzen. So hat man es auch mit allem sogenannten Autoritätsglauben zu halten. Überliefert einem jemand etwas, was man nicht selbst unmittelbar einsehen kann, so hat man vor allen Dingen mit dem einem zur Verfügung stehenden Material zu prüfen, ob er eine glaubwürdige Autorität ist, ob er Dinge sagt, die eine Ahnung und Empfindung davon hervorrufen, daß sie wahr sind. An diesem Beispiele wird man ersehen, daß es sich darum handelt, die Prüfung beim richtigen Punkte einzusetzen.

Eine zweite Regel ist:

Es soll die lebendige Verpflichtung vor meiner Seele stehen, die Summe meiner Vorstellungen fortwährend zu vermehren.

Nichts ist schlimmer für den esoterischen Schüler, als wenn er bei einer gewissen Summe Begriffe, die er schon hat, stehen bleiben will, und mit ihrer Hilfe alles begreifen will. Unendlich wichtig ist es, sich immer neue und neue Vorstellungen anzueignen. Falls dies nicht geschieht, so würde der Schüler, falls er zu übersinnlichen Einsichten käme, diesen mit keinem wohl vorbereiteten Begriff entgegenkommen und von ihnen überwältigt werden, entweder zu seinem Nachteil oder wenigstens zu seiner Unbefriedigung; dieses letztere darum, weil er unter solchen Umständen schon höhere Erfahrungen haben könnte, ohne daß er es überhaupt merkte. Die Zahl der Schüler ist überhaupt nicht gering, welche schon ganz umgeben sein könnten von höheren Erfahrungen, aber nichts davon bemerken, weil sie wegen ihrer Vorstellungsarmut sich einer ganz anderen Erwartung hingeben bezüglich dieser Erfahrungen, als die richtige ist. Viele Menschen neigen im äußeren Leben gar nicht zur Bequemlichkeit, in ihrem Vorstellungsleben aber sind sie direkt abgeneigt, sich zu bereichern, neue Begriffe zu bilden.

Eine dritte Regel ist:

Mir wird nur Erkenntnis über diejenigen Dinge, deren Ja und Nein gegenüber ich weder Sympathie noch Antipathie habe.

Ein alter Eingeweihter schärfte es immer wieder und wieder seinen Schülern ein: Ihr werdet von der Unsterblichkeit der Seele erst wissen, wenn ihr ebenso gern hinnehmt, diese Seele werde nach dem Tode vernichtet, wie sie werde ewig leben. Solange ihr wünscht, ewig zu leben, werdet ihr keine Vorstellung von dem Zustande nach dem Tode gewinnen. – Wie in diesem wichtigen Fall ist es mit allen Wahrheiten. Solange der Mensch noch den leisesten Wunsch in sich hat, die Sache möge so oder so sein, kann ihm das reine helle Licht der Wahrheit nicht leuchten. Wer zum Beispiel bei seiner Selbstschau den wenn auch noch so verborgenen Wunsch hat, es mögen die guten Eigenschaften bei ihm überwiegen, dem wird dieser Wunsch ein Gaukelspiel vormachen und keine wirkliche Selbsterkenntnis erlauben.

Eine vierte Regel ist die:

Es obliegt mir, die Scheu vor dem sogenannten Abstrakten zu überwinden.

Solange ein esoterischer Schüler an Begriffen hängt, die ihr Material aus der Sinneswelt nehmen, kann er keine Wahrheit über die höheren Welten erlangen. Er muß sich bemühen, sinnlichkeitsfreie Vorstellungen sich anzueignen. Von allen vier Regeln ist diese die schwerste, insbesondere in den Lebensverhältnissen unseres Zeitalters. Das materialistische Denken hat den Menschen in hohem Grade die Fähigkeit genommen, in sinnlichkeitsfreien Begriffen zu denken. Man muß sich bemühen, entweder solche Begriffe recht oft zu denken, welche in der äußeren sinnlichen Wirklichkeit niemals vollkommen, sondern nur annähernd vorhanden sind, zum Beispiel den Begriff des Kreises. Ein vollkommener Kreis ist nirgends vorhanden, er kann nur gedacht werden, aber allen kreisförmigen Gebilden liegt dieser gedachte Kreis als ihr Gesetz zugrunde. Oder man kann ein hohes sittliches Ideal denken; auch dieses kann in seiner Vollkommenheit von keinem Menschen ganz verwirklicht werden, aber es liegt vielen Taten der Menschen zugrunde als ihr Gesetz. Niemand kommt in einer esoterischen Entwickelung vorwärts, der nicht die ganze Bedeutung dieses sogenannten Abstrakten für das Leben einsieht und seine Seele mit den entsprechenden Vorstellungen bereichert.

Der Mensch muß auf gewisse Seelenvorgänge Aufmerksamkeit und Sorgfalt verwenden, die er gewöhnlich sorglos und unaufmerksam ausführt. Es gibt acht solche Vorgänge.

Es ist natürlich am besten, auf einmal *nur eine* Übung vorzunehmen, zum Beispiel während acht oder vierzehn Tagen, dann die zweite usw., dann wieder von vorne anfangen. Übung acht kann indessen am besten täglich gemacht werden. Man erreicht dann nach und nach richtige Selbsterkenntnis und sieht auch, welche Fortschritte man gemacht hat. Später kann dann vielleicht – mit Samstag beginnend – täglich eine Übung vorgenommen werden neben der achten, zirka fünf Minuten dauernden, so daß dann jeweils auf denselben Tag die nämliche Übung fällt. Also Samstags die Gedankenübung, Sonntags die Entschlüsse, Montags das Reden, Dienstags das Handeln, Mittwochs die Taten usw.

Auf seine *Vorstellungen* (Gedanken) achten. Nur bedeutsame Gedanken denken. Nach und nach lernen, in seinen Gedanken das Wesentliche vom Unwesentlichen, das Ewige vom Vergänglichen, die Wahrheit von der bloßen Meinung zu scheiden.

Beim Zuhören der Reden der Mitmenschen versuchen, ganz still zu werden in seinem Innern und auf alle Zustimmung, namentlich alles abfällige Urteilen (Kritisieren, Ablehnen), auch in Gedanken und Gefühlen, zu verzichten.

Dies ist die sogenannte

«richtige Meinung».

Nur aus begründeter voller Überlegung heraus selbst zu dem Unbedeutendsten sich *entschließen*. Alles gedankenlose Handeln, alles bedeutungslose Tun soll von der Seele ferngehalten werden. Zu allem soll man stets wohlerwogene Gründe haben. Und man soll unbedingt unterlassen, wozu kein bedeutsamer Grund drängt.

Ist man von der Richtigkeit eines gefaßten Entschlusses überzeugt, so soll auch daran festgehalten werden in innerer Standhaftigkeit.

Dies ist das sogenannte

«richtige Urteil»,

das nicht von Sympathie und Antipathie abhängig gemacht wird.

Das Reden. Nur was Sinn und Bedeutung hat, soll von den Lippen desjenigen kommen, der eine höhere Entwickelung anstrebt. Alles Reden um des Redens willen – zum Beispiel zum Zeitvertreib – ist in diesem Sinne schädlich.

Die gewöhnliche Art der Unterhaltung, wo alles bunt durcheinander geredet wird, soll vermieden werden; dabei darf man sich nicht etwa ausschließen vom Verkehr mit seinen Mitmenschen. Gerade im Verkehr soll das Reden nach und nach zur Bedeutsamkeit sich entwickeln. Man steht jedem Rede und Antwort, doch gedankenvoll, nach jeder Richtung hin überlegt. Niemals ohne Grund reden! Gerne schweigen. Man versuche, nicht zu viel und nicht zu wenig Worte zu machen. Zuerst ruhig hinhören und dann verarbeiten.

Man heißt diese Übung auch:

«das richtige Wort».

DIENSTAG

Die äußeren Handlungen. Diese sollen nicht störend sein für unsere Mitmenschen. Wo man durch sein Inneres (Gewissen) veranlaßt wird zu handeln, sorgfältig erwägen, wie man der Veranlassung für das Wohl des Ganzen, das dauernde Glück der Mitmenschen, das Ewige, am besten entsprechen könne.

Wo man aus sich heraus handelt – aus eigener Initiative –, die Wirkungen seiner Handlungsweise im voraus auf das Gründlichste erwägen.

Man nennt das auch

«die richtige Tat».

Die Einrichtung des Lebens. Natur- und geistgemäß leben, nicht im äußeren Tand des Lebens aufgehen. Alles vermeiden, was Unruhe und Hast ins Leben bringt.

Nichts überhasten, aber auch nicht träge sein. Das Leben als ein Mittel zur Arbeit, zur Höherentwickelung betrachten und demgemäß handeln.

Man spricht in dieser Beziehung auch vom

«richtigen Standpunkt».

Das menschliche Streben. Man achte darauf, nichts zu tun, was außerhalb seiner Kräfte liegt, aber auch nichts zu unterlassen, was innerhalb derselben sich befindet.

Über das Alltägliche, Augenblickliche hinausblicken und sich Ziele (Ideale) stellen, die mit den höchsten Pflichten eines Menschen zusammenhängen, zum Beispiel deshalb im Sinne der angegebenen Übungen sich entwickeln wollen, um seinen Mitmenschen nachher um so mehr helfen und raten zu können, wenn vielleicht auch nicht gerade in der allernächsten Zukunft.

Man kann das Gesagte auch zusammenfassen in:

«Alle vorangegangenen Übungen
zur Gewohnheit werden lassen».

Das Streben, möglichst viel vom *Leben zu lernen.*

Nichts geht an uns vorüber, das nicht Anlaß gibt, Erfahrungen zu sammeln, die nützlich sind für das Leben. Hat man etwas unrichtig oder unvollkommen getan, so wird das ein Anlaß, ähnliches später richtig oder vollkommen zu machen.

Sieht man andere handeln, so beobachtet man sie zu einem ähnlichen Ziele (doch nicht mit lieblosen Blicken). Und man tut nichts, ohne auf Erlebnisse zurückzublicken, die einem eine Hilfe sein können bei seinen Entscheidungen und Verrichtungen.

Man kann von jedem Menschen, auch von Kindern, viel lernen, wenn man aufpaßt.

Man nennt diese Übung auch

«das richtige Gedächtnis»

das heißt sich erinnern an das Gelernte, an die gemachten Erfahrungen.

ZUSAMMENFASSUNG

Von Zeit zu Zeit Blicke in sein Inneres tun, wenn auch nur fünf Minuten täglich zur selben Zeit. Dabei soll man sich in sich selbst versenken, sorgsam mit sich zu Rate gehen, seine Lebensgrundsätze prüfen und bilden, seine Kenntnisse – oder auch das Gegenteil – in Gedanken durchlaufen, seine Pflichten erwägen, über den Inhalt und den wahren Zweck des Lebens nachdenken, über seine eigenen Fehler und Unvollkommenheiten ein ernstliches Mißfallen haben, mit einem Wort: das Wesentliche, das Bleibende herauszufinden trachten und sich entsprechende Ziele, zum Beispiel zu erwerbende Tugenden, ernsthaft vornehmen. (Nicht in den Fehler verfallen und denken, man hätte irgend etwas gut gemacht, sondern immer weiter streben, den höchsten Vorbildern nach.) Man nennt diese Übung auch

«die richtige Beschaulichkeit».

Die zwölf zu meditierenden und im Leben zu berücksichtigenden Tugenden (Monatstugenden)

APRIL	Devotion: Devotion (Ehrfurcht)	wird zu Opferkraft
MAI	Equilibrium: (Inneres) Gleichgewicht	wird zu Fortschritt
JUNI	Perseverance: Ausdauer (Durchhalte- kraft, Standhaftigkeit)	wird zu Treue
JULI	Unselfishness: Selbstlosigkeit	wird zu Katharsis
AUGUST	Compassion: Mitleid	wird zu Freiheit
SEPTEMBER	Courtesy: Höflichkeit	wird zu Herzenstakt
OKTOBER	Contentment: Zufriedenheit	wird zu Gelassenheit
NOVEMBER	Patience: Geduld	wird zu Einsicht
DEZEMBER	Control of speech: Gedankenkontrolle (Kontrolle der Sprache – Beherrschung der Zunge «Hüte deine Zunge»)	wird zu Wahrheitsempfinden
JANUAR	Courage: Mut	wird zu Erlöserkraft
FEBRUAR	Discretion: Diskretion (Verschwiegenheit)	wird zu Meditationskraft
MÄRZ	Magnanimity: Großmut	wird zu Liebe

Immer mit dem Üben anfangen um den 21. des vorigen Monats
zum Beispiel: April vom 21. 3. – 20. 4.

(Englische Ausdrücke vermutlich von H. P. Blavatsky, siehe Hinweis Seite 167)

II

Hauptübungen

I

Morgens früh, sogleich nach dem Erwachen, wenn noch keine anderen Eindrücke durch die Seele gezogen sind, gibt man sich seiner Meditation hin. Man versucht innerlich ganz still zu werden, das heißt man lenkt alle Aufmerksamkeit ab von äußeren Eindrücken und auch von allen Erinnerungen an das alltägliche Leben. Man sucht auch die Seele frei zu machen von allen Bekümmernissen und Sorgen, die einen etwa gerade in dieser Zeit bedrücken. Dann beginnt die Meditation. Um sich die innere Stille zu erleichtern, lenke man vorerst das Bewußtsein auf eine einzige Vorstellung, etwa *«Ruhe»*, versenke sich ganz in dieselbe und lasse sie dann aus dem Bewußtsein verschwinden, so daß man dann gar keine Vorstellung in der Seele hat und ganz allein den Inhalt der folgenden sieben Zeilen in ihr aufleben läßt. Diese sieben Zeilen müssen nun *fünf* Minuten im Bewußtsein leben. Wollen sich andere Vorstellungen herandrängen, so kehrt man immer wieder zu diesen sieben Zeilen zurück, in die man sich ganz versenkt.

> In den reinen Strahlen des Lichtes
> Erglänzt die Gottheit der Welt.
> In der reinen Liebe zu allen Wesen
> Erstrahlt die Göttlichkeit meiner Seele.
> Ich ruhe in der Gottheit der Welt;
> Ich werde mich selbst finden
> In der Gottheit der Welt.

Nachdem man dies fünf Minuten durchgeübt hat, gehe man zu folgendem über.

Man macht einen ruhigen kräftigen Atemzug; nach der Einatmung atmet man gleich ebenso ruhig und kräftig aus, so daß zwischen Einatmung und Ausatmung keine Pause ist. Dann enthält man sich eine kleine Weile des Atmens, bestrebt sich aber, die Atemluft ganz außer dem Körper zu lassen.

Es sollen ungefähr folgende Zeitverhältnisse eingehalten werden: Beim Einatmen ist die Zeit beliebig, man gestaltet den Atemzug so lange, als seinen Kräften entsprechend ist, die Ausatmung soll dann zweimal so lang dauern als die Einatmung und das Atementhalten dreimal so lang als das Einatmen. Wenn man also zum Beispiel zum Einatmen zwei Sekunden braucht, dann entfallen auf das Ausatmen vier, auf die Atementhaltung sechs Sekunden. Dieses Einatmen, Ausatmen, Atementhalten wiederholt man *viermal*.

Beim Ein- und Ausatmen denkt man an nichts, sondern lenkt die Aufmerksamkeit ganz auf das Atmen; dagegen konzentriert man beim *ersten* Atementhalten sich ganz auf den Punkt zwischen und etwas hinter den Augenbrauen, also an der Nasenwurzel (etwas im Innern des Vordergehirns), und erfüllt dabei das Bewußtsein allein mit den Worten:

Ich bin.

Während des zweiten Atementhaltens konzentriert man sich auf einen Punkt im Innern des Kehlkopfes, und erfüllt dabei das Bewußtsein allein mit der Vorstellung:

Es denkt.

Während des dritten Atementhaltens konzentriert man sich auf seine beiden Arme und Hände. Man hält dabei die Hände so, daß sie entweder gefaltet sind oder daß die Rechte über die Linke gelegt ist. Dabei erfüllt man das Bewußtsein allein mit der Vorstellung:

Sie fühlt.

Während des vierten Atementhaltens konzentriert man sich auf seine ganze Körperoberfläche, also man stellt sich selbst leiblich möglichst klar vor, und erfüllt dabei sein Bewußtsein mit der Vorstellung:

Er will.

(Man wird, wenn man diese Konzentrationsübungen einige Wochen energisch fortsetzt, an den Stellen, auf die man sich konzentriert, etwas fühlen, also an der Nasenwurzel, im Kehlkopf, einen Strom in den Händen und Armen und an der ganzen äußeren Körperoberfläche.

Beim Konzentrieren auf Arme und Hände wird man fühlen, wie die letzteren durch eine Kraft auseinandergetrieben werden, man lasse sie dann auseinandergehen, das heißt, der Kraft folgen, aber man suggeriere sich dies nicht. Es muß ganz von selbst eintreten.

Im Obigen bedeutet bei «Es denkt» das *«Es»* = *das* allgemeine Weltendenken, das unpersönlich in unseren Worten leben soll. Bei «Sie fühlt» bedeutet *«Sie»* = *die* Weltseele; das heißt, wir sollen nicht persönlich fühlen, sondern unpersönlich im Sinne der Weltenseele; bei «Er will» bedeutet *«Er»* = Gott, in dessen Willen wir unser ganzes Sein stellen.)

Hat man diese vier Atemzüge vollendet, so erfülle man für eine Weile das Bewußtsein ganz allein mit der *einen* Vorstellung, in die man sich ganz versenkt, so daß nichts anderes während dieser Zeit die Seele erfüllt. Diese Vorstellung ist:

Von Rudolf Steiner je nach der Schülerpersönlichkeit gegeben, zum Beispiel:

«Meine Kraft»
oder *«Ich in mir»*
oder *«Ich will»*
oder *«Ich bin beständig»*
oder *«Ruhe in der Stärke*
Stärke in der Ruhe»
oder *«Seelenwärme durchdringet mich»*

Dann gehe man dazu über, sich fünf Minuten lang ganz in sein eigenes göttliches Ideal zu versenken. Das muß mit aller Devotion (Andacht) geschehen.

Diese ganze Meditation braucht nicht länger als 15 Minuten zu dauern.

Bei allen oben angegebenen Zeitverhältnissen richte man sich nicht nach der Uhr, sondern nach dem Gefühle. Man achte darauf, daß man eine solche Körperlage einnehme, daß man auch durch den eigenen Körper, zum Beispiel durch Ermüdung, nicht abgelenkt werden könne.

❖

Das vorige Mantram etwas individualisiert.

In den reinen Strahlen des Lichtes
Erglänzt die Gottheit der Welt.
In dem reinen Feuer des Äthers
Erstrahlt der Ichheit hohe Kraft.
Ich ruhe im Geiste der Welt,
Ich werde mich immer finden
Im ewigen Geiste der Welt.

II

1. Es ist eine Morgenmeditation vorzunehmen, die folgendermaßen zu gestalten ist:

Morgens früh vor einer jeden alltäglichen Beschäftigung und vor dem Zusichnehmen einer Speise hat man eine vollkommene Ruhe der Seele herzustellen. Die Aufmerksamkeit ist von allen äußeren Sinneseindrücken und von allen gewöhnlichen Verstandesvorstellungen abzulenken. Auch alle Erinnerungen an die gewöhnlichen Erlebnisse müssen vollständig schweigen. Vor allem müssen alle Sorgen und Bekümmernisse des Lebens ganz zum Schweigen gebracht werden.

Dann muß aus der ganz ruhigen Seele die eine Vorstellung sich erheben:

Oben alles wie unten
Unten alles wie oben

Man muß nun streng 10 Minuten (nicht nach der Uhr, sondern nach dem Gefühle) nur in solchen Vorstellungen leben, die man als Anwendung dieser Vorstellung auf die Erscheinungen der Welt aus ihr heraus gewinnen kann. Es kommt zunächst nicht darauf an, daß alle diese Vorstellungen richtig sind, sondern darauf, daß man seine Vorstellungen in dieser Richtung betätigt. Doch soll man sich, so viel man nur irgend kann, bemühen, nur richtige Vorstellungen zu denken.

Nachdem man dieses vollendet hat, ist zu folgendem überzugehen: Es sind sieben Atemzüge zu machen, so, daß man zum Einatmen so lange braucht, daß man das Weitere ohne Schädigung durchführen kann:

Man atmet ein; nach vollendetem Einatmen atmet man sofort aus, dann läßt man die Atemluft draußen, so daß also eine Zeitlang das Einatmen ganz unterdrückt wird.

Es sind dabei folgende Zeiten zu berücksichtigen:

Einatmung: In obigem Sinne beliebig lang

Ausatmung: Doppelt so lange wie Einatmen

Atementhaltung: Viermal so lang als Einatmen (dies für den Anfang, dann allmähliche Steigerung bis zu zehnmal so lang als Einatmen.)

Bei dem ersten und zweiten Atemhalten hat man sich ganz in die Vorstellung zu versenken:

Ich bin

und dabei sich zu konzentrieren auf den Punkt an der Nasenwurzel. (Man erhält den Punkt, wenn man eine Linie zieht von dem Punkt zwischen den Augenbrauen waagrecht nach rückwärts, er liegt dann etwa einen Zentimeter nach rückwärts.)

Bei der dritten und vierten Atementhaltung hat man sich zu versenken in die Vorstellung:

Es denkt

und sich zu konzentrieren auf den Kehlkopf.

Bei der fünften und sechsten Atementhaltung hat man sich zu versenken in die Vorstellung:

Sie fühlt

und sich dabei zu konzentrieren auf das Herz.

Bei der siebenten Atementhaltung versenke man sich in:

Er will

und konzentriere sich dabei auf den Nabel, indem man sich dabei in Gedanken Strahlen zieht, die den ganzen Unterleib durchziehen.

Beim Ein- und Ausatmen enthalte man sich jedes Gedankens. (*«Es»* bedeutet: Das Weltdenken. *«Sie»* bedeutet: Die Weltseele. *«Er»* bedeutet: Der Weltgeist. Doch sind diese Vorstellungen nur zur Orientierung. Sie sollen während der Meditation nicht im Bewußtsein gegenwärtig sein. Sie würden den mantramartigen Charakter der obigen Formel nur stören.)

Diese ganze Übung ist damit zu beschließen, daß man sich fünf Minuten lang in das eigene göttliche Ideal devotionell versenkt.

2. Im Laufe des Tages hat man die besonders beschriebenen Nebenübungen zu machen.

3. Abends die Rückschau auf die Tageserlebnisse.

Alkohol ist absolut zu meiden. Vegetarische Kost nicht unbedingt, doch förderlich.

Erklärungen zu den beiden vorhergehenden
allgemein gegebenen Hauptübungen

Wer eine esoterische Entwickelung anstrebt, dem muß vor allem klar
sein, daß in gewissen äußerst einfachen Sätzen eine Kraft verborgen
ist, die dadurch wirksam wird, daß er diese Sätze in seiner Seele leben
läßt. Er erfaßt nicht das Richtige, wenn er solche Sätze nur mit dem
Verstande begreifen will. Da sagen sie ihm zunächst sehr wenig. Er
muß eine gewisse Zeit sein ganzes Inneres erfüllt sein lassen mit einem
solchen Satze, sich ihm mit allen seinen Seelenkräften hingeben. – Ein
solcher Satz ist: «Ich bin».

In diesem Satze liegt in der Tat das ganze Geheimnis des gegenwärtigen Menschendaseins. Es kann nämlich innerlich einen solchen
Satz nur ein Wesen denken, fühlen und wollen, das eine solche äußere
Gestalt hat wie der gegenwärtige Erdenmensch. Es muß bei einem
solchen Wesen die Gestalt sich so gebildet haben, daß alle im Leibe
wirksamen Kräfte auf die Form hinzielen, die nach vorne zu der ge-
wölbten Stirne wird. Diese nach vorn gewölbte Stirne und das «Ich
bin» gehören zusammen. Es gab in früheren Entwickelungszeiten der
menschlichen Gestalt eine Stufe, auf der sich diese Gestalt noch nicht
zu einer solchen Stirne nach vorne gedrängt hatte. Damals konnte das
«Ich bin» noch nicht innerlich gedacht, gewollt und gefühlt werden.
Nun wäre es aber durchaus unrichtig, wenn man glauben wollte, daß
die geschilderte Gestalt des Leibes das «Ich bin» hervorbringe. Dieses
«Ich bin» war schon vorher vorhanden. Es konnte sich nur noch nicht
in einer entsprechenden Gestalt ausdrücken. So wie es sich jetzt in der
Körpergestalt des Menschen ausspricht, so drückte es sich vorher in
einer Seelenwelt aus. Und es ist eben diese Kraft des «Ich bin», welche
sich in einem Zeitraum der fernen Vergangenheit mit jenem Menschenkörper vereinigte, der noch nicht die heutige Stirnbildung hatte, und
diese Kraft des «Ich bin» hat die vorige Gestalt zur gegenwärtigen
Stirne aufgetrieben. – Daher kommt es, daß der Mensch durch eine

gewisse Versenkung in das «Ich bin» die Kraft in sich spüren kann, welche ihn in seiner gegenwärtigen Form selbst gebildet hat. Und diese Kraft ist eine höhere Kraft als die Kräfte, die heute in seinem gewöhnlichen Leben in ihm sind. Denn es ist die seelische Schöpferkraft, die aus dem Seelischen das Leibliche heraus formt. – Daher muß der esoterisch Strebende sich für eine kurze Weile ganz in das «Ich bin» hineinleben, das heißt, er muß dieses «Ich bin» denken, dabei zu gleicher Zeit aber auch so etwas in sich erleben, wie: «Ich freue mich, daß ich als selbständiges Wesen mitwirken kann an der Welt». Und auch so etwas muß der Mensch erleben, wie: «Ich will mein Dasein, ich will mich hineinsetzen in den ganzen Zusammenhang der Welt». Wenn der Mensch alles dieses in einen einzigen inneren Bewußtseinsakt zusammendrängt und dabei gleichzeitig seine ganze Bewußtseinskraft auf die Gegend der Stirne und der darunterliegenden inneren Gehirnglieder verlegt, so versetzt er sich tatsächlich in eine höhere Welt, aus der heraus seine Stirnbildung bewirkt worden ist. Er muß nur nicht glauben, daß er nun gleich von heute auf morgen diese höheren Welten erobern kann. Er muß vielmehr die Geduld haben, diese Versenkung durch lange Zeiten hindurch täglich immer wieder vorzunehmen. Hat er diese Geduld, dann wird er nach einiger Zeit bemerken, wie ihm ein Gedanke aufgeht, der nun kein bloßer gedachter Gedanke mehr ist, sondern ein von Kraft durchzogener, lebendiger Gedanke. Er wird sich etwa sagen können: So, wie dieser mein Gedanke, so muß innerlich lebendig sein die Kraft, welche in dem Pflanzenkeime ist und ihn zu den Gliedern des Pflanzenkörpers auftreibt. – Und bald wird sich ihm dieser Gedanke so zeigen, wie wenn er Licht ausströmte. In diesem innerlichen Lichtausströmen fühlt sich der Mensch froh und daseinsfreudig. Ein Gefühl durchdringt ihn, das man nur mit «freudiger Liebe am schöpferischen Dasein» bezeichnen kann. Und dem Willen teilt sich eine Kraft mit, wie wenn ihn der genannte Gedanke mit Wärme durchstrahlt, die ihn energisch macht. Das alles kann der Mensch saugen aus der geschilderten richtigen Versenkung in das «Ich bin». Der Mensch wird nach und nach erkennen, daß intellektuelle, seelische und moralische Kraft höchster Art auf diese Weise in ihm geboren wird, und daß er sich dadurch in ein immer mehr bewußtes Verhältnis bringt zu einer höheren Welt.

Ein zweiter solcher Satz ist: «Es denkt». Dieses «Es denkt» stellt in einer ähnlichen Art, wie es eben für das «Ich bin» geschildert worden ist, die Kraft dar, durch welche von den höheren Welten heraus die Gestalt der menschlichen Sprachwerkzeuge gebildet worden ist. Als das Denken noch nicht in einem menschlichen Leibe sich auslebte, sondern noch in einer höheren Seelenwelt, da bewirkte es von da aus, daß an der menschlichen Gestalt die damals an dieser noch nicht vorhandenen Sprachorgane sich angliederten. Wenn daher der esoterisch Strebende sich wie vorher mit Denken, Gefühl und Wille ganz in das «Es denkt» versenkt und dabei das Bewußtsein auf die Gegend des Kehlkopfes hin konzentriert, so erlebt er die schöpferische Seelenkraft, welche sich von den oberen Welten her in dem Schaffen der Sprachorgane kundgegeben hat. Wenn er wieder die oben gekennzeichnete Geduld hat, so wird er es erleben, wie aus dem «Es denkt» Strahlungen ausgehen, die wie der Ausgangspunkt einer geistigen musikalischen Harmonie sind, und die ihn mit einem Gefühl heiliger Frömmigkeit erfüllen und zugleich mit einer Kraft, die ihm sagt: «Was ich als Mensch will, wird nach und nach immer weiser werden». Er wird eine Ahnung von jener Kraft erhalten, welche als göttlich-geistige Kraft sich durch das Weltenall ergießt, und welche alle Dinge nach Maß, Zahl und Gewicht ordnet.

Ein dritter Satz ist: «Sie fühlt». Auch die Kraft dieses Satzes war einst – und zwar in einer noch früheren Zeit – noch nicht im Menschen, sondern in einer höheren Seelenwelt. Von da aus wirkte sie herunter und bildete die Gestalt um, welche der Menschenleib bis dahin hatte. Dieser Menschenleib hatte nämlich bis dahin noch nicht die Hände von den Füßen verschieden. Die heutigen Hände und Füße waren damals gleichgeformte Bewegungsorgane. Deshalb hatte auch der Mensch noch nicht seinen aufrechten Gang. Es war ein großer Schritt nach vorwärts in der menschlichen Entwickelung, daß seine vorderen Bewegungsorgane in Arbeitsorgane umgestaltet wurden. Er erhielt dadurch den aufrechten Gang, der ihn befähigt, die niedere Natur zu überwinden, indem sein Blick hinausgerichtet wird in die himmlischen Geisteswelten. Er wurde aber auch dadurch erst fähig, Karma zu bilden. Denn erst die Taten eines so gestalteten Wesens stehen unter dessen eigener Verantwortlichkeit. Dazu haben geistige Wesen den Menschen umgestaltet, als das vorher nur in ihnen befindliche «Sie fühlt» in den Menschenleib hineinströmte. Wenn sich daher der esoterisch Strebende wieder in ähnlicher Art, wie es oben geschildert worden ist, in dieses «Sie fühlt» versenkt, so erhebt er sich zu den entsprechenden Schaffenskräften der höheren Welten. Er muß nur bei dem «Sie fühlt» das ganze Bewußtsein auf die beiden Arme und Hände konzentrieren. Es wird ihm dann aus dem Gedanken «Sie fühlt» ein inneres Leben ausströmen von unbeschreiblicher Seligkeit. Man kann dieses Gefühl als das der Liebe im tätigen Dasein bezeichnen. Der Mensch erhält dadurch ein Bewußtsein, wie die schaffende Liebe durch den Weltenraum hinflutet und durch ihre Tat in alles den belebenden Hauch einführt.

Ein vierter Satz ist: «Er will». Es war die Kraft dieses Satzes, durch welche in urferner Vergangenheit der menschliche Leib überhaupt erst als eine selbständige Wesenheit von seiner Umgebung herausgegliedert worden ist.

Bevor von höheren seelischen Welten heraus diese Kraft auf ihn wirkte, war der menschliche Leib noch nicht durch eine äußere Haut nach allen Seiten abgeschlossen, sondern die Stoffströmungen strömten damals von allen Seiten in ihn ein und von ihm aus. Er hatte kein selbständiges Leben, sondern lebte ganz das Leben seiner Umgebung mit. Natürlich war diese Umgebung damals eine ganz andere als die gegenwärtige irdische Umgebung. Wenn nun der esoterisch Strebende sich wieder mit seinem ganzen Denken, Fühlen und Wollen in das «Er will» versenkt und dabei das Bewußtsein auf die ganze äußere Hautoberfläche konzentriert, so versetzt er sich allmählich in die hohen Schöpferkräfte des «Er will». Es sind das jene Kräfte der übersinnlichen Welt, durch welche den sinnlichen Dingen ihre Form und Gestalt gegeben wird.

Der Mensch wird, wenn er genügend Ausdauer hat, in dem innerlichen Erleben dieses Gedankens etwas fühlen, wie wenn er über alles sinnlich-körperliche Dasein hinausgehoben wäre und herabblickte auf das Feld des sinnlichen Schaffens, um auf diesem zu wirken, so wie es den in der Geisteswelt gewonnenen göttlichen Gedanken entspricht. Die Kraft, die von dem Gedanken ausgeht, ist die des wonnigen Versetztseins in die reine Geistigkeit und der Gewinn des Bewußtseins, daß man dieser sinnlichen Welt aus höheren Regionen das zuführen kann, was sie braucht.

Der Esoteriker wird während des Sich-versenkens in diese Kraftgedanken zugleich die Aufmerksamkeit auf seinen Atmungsprozeß zu richten haben und diesen aus einer unbewußten Tätigkeit zu einer bewußt geregelten Verrichtung für kurze Zeit umzugestalten haben. Denn während die geschilderte Einwirkung der Kräfte aus höheren Welten auf die menschliche Gestalt die angegebene Umwandlung hervorbrachte, wurde durch ebendieselben Kräfte im Innern dieser Gestalt das gegenwärtige Atmungssystem zustande gebracht, das notwendig ist für ein Wesen mit solcher Selbständigkeit des Leibes, solchen Händen, die unter eigener Verantwortung arbeiten, solchen Sprachwerkzeugen, welche inneres Erleben der Seele in äußerlich hörbaren Ton umsetzen. Durch die entsprechende Hinlenkung der Aufmerksamkeit auf den Atmungsprozeß wird die Erhebung in die höheren schöpferischen Weltregionen gefördert.

Wenn der esoterisch Strebende so allmählich bewußt erleben lernt, was an höheren Weltenkräften ja immer in ihm schlummert, was er vorher nur nicht kennt, so wird ihm lebendig, ahnungsvoll anschaulich, was er vorher sich schon durch Studium angeeignet haben soll. Er soll sich bekannt gemacht haben damit, daß der Mensch mit der ganzen Erdenentwickelung verschiedene Verwandlungsstufen durchgemacht hat, bevor der gegenwärtige Erdenzustand zustande gekommen ist. Man nennt diese Verwandlungszustände: Saturnzustand, Sonnenzustand, Mondzustand. Nun hat sich auch der Esoteriker damit bekanntzumachen, daß in späteren Epochen gewisse frühere Zustände sich in einer gewissen Art wiederholen. So wiederholte sich während der Erdenentwickelung der Saturn-, Sonnen- und Mondenzustand, und zwar so, daß die Saturnwiederholung dem Schaffen des «Er will» an der äußeren menschlichen Hülle entspricht. Die Sonnenwiederholung entspricht dem Schaffen des «Sie fühlt» an den Armen und Händen und die Mondenwiederholung entspricht dem Schaffen des «Es denkt» an den Sprachorganen. Man sieht, wie so der Mensch seine Anschauung des Leibes als eines bloß geschaffenen Wesens in der sinnlichen Welt verläßt und sich in die Anschauung der höheren Welten hineinlebt, wo die Kräfte sind, die an dem Menschen schaffen. Und so werden auch die bloßen Begriffe, die der Mensch von solchen Dingen aufgenommen hat, wie Saturn, Sonne und Mond, lebendige Anschauungen und Erlebnisse. Und so muß es sein, wenn immer mehr und mehr der Weg gefunden werden soll aus dem Exoterischen in das Esoterische. Allerdings muß man das hier als Übung Gegebene nur als den Anfang betrachten. Man muß aber erst mit aller Energie das hier Gegebene durcharbeiten, dann kommt man so weit, daß man die weiteren Übungen erhalten kann, durch welche noch höhere Kräfte geweckt werden, die im Inneren des Menschen schlummern. Es kommt darauf an, die in den Worten «Ich bin», «Es denkt», «Sie fühlt», «Er will» liegenden spirituellen Tatsachen zu ahnen und ihre Verbindung zu fühlen mit den Gliedern des Körpers, welcher ein aus der geistigen Welt heraus entstandenes Gebilde ist.

Zur Information muß noch gesagt werden, daß in obigen Kraftworten die drei Formen

ES – SIE – ER

in der Natur der höheren Welten wohl begründet sind.

«Es» ist das Kraftwort für das Weltendenken, das ist, jene Wesenheiten in der höheren Welt, welchen das schaffende Denken in ebendemselben Grade eigen ist wie den unter ihnen stehenden Menschen das sinnliche Anschauen.

«Sie» ist das Kraftwort für die Weltenseele, welche ein Fühlen hat, das von ihr ausströmt, während das menschliche Fühlen durch die Anregung von außen einströmt. Jenes Fühlen der Weltseele ist die schaffende Weltenliebe, durch welche die Dinge ins Dasein treten.

«Er» ist das Kraftwort für den Weltenwillen, den Weltengeist, dessen Wille aus sich selbst wirkt, während der menschliche Wille durch die äußere Welt zum Wirken bestimmt wird. Dieser «Er» ist die schaffende Urkraft der Welt.

I

Haupt-Übungen für morgens und abends.

Morgens, möglichst bald nach dem Erwachen:
Abziehen der Aufmerksamkeit von allen äußeren Sinneseindrücken, auch von allen Erinnerungen an das alltägliche Leben. In dieser leergemachten Seele erfüllt man sich zunächst mit der Vorstellung «*Ruhe*». Es soll sein, wie wenn man diese Empfindung der Ruhe sich durch den ganzen Körper gieße. Doch kann dies ganz kurz geschehen. (Zwei bis fünf Sekunden.) Dann erfüllt man durch etwa fünf Minuten die Seele mit den folgenden *sieben* Zeilen:

> Lichterstrahlende Gebilde
> Glänzendes Wogenmeer des Geistes,
> Euch verließ die Seele.
> In dem Göttlichen weilte sie,
> In ihm ruhte ihr Wesen.
> In das Reich der Daseinshüllen
> Tritt bewußt mein «*Ich*».

Man versucht diese Zeilen so bildhaft wie möglich vorzustellen. So denke man bei den beiden ersten Zeilen ein Lichtmeer, in dem sich Gestalten formen; man denke bei der dritten, vierten und fünften Zeile, wie die Seele beim Aufwachen auftaucht aus diesem Lichtmeer. Bei der sechsten und siebenten Zeile denke man, wie man durch das Aufwachen in die Hüllen des Körpers hineingeht.

Im Laufe des Tages sind die Nebenübungen zu machen. Bei diesen kommt es weniger darauf an, daß man sich an eine bestimmte Stunde bindet.

Abends: «Ich habe den ganzen Tag hindurch Eindrücke der physisch-sinnlichen Außenwelt empfangen und mir darüber Vorstellungen gemacht. Ich werde in der Nacht solche Eindrücke nicht haben. Ich werde in der geistigen Welt sein. Ich werde mir nun durch Sinnbilder die übersinnliche Welt vorstellen, damit diese Sinnbilder nach und nach mich in diese übersinnliche Welt hineinführen. Ich werde mir vorstellen, daß der Raum um mich und in mir von übersinnlichem Licht erfüllt ist, wie wenn ein Lichtmeer in verschiedenen Farben erglänzte und dieses Lichtmeer durchflossen wäre von Wärmeströmungen; eine der Wärmeströmungen geht in mein Herz hinein. (Licht – Symbol göttlicher Weisheit; Wärme – Symbol göttlicher Liebe)».

Diese Vorstellung meditativ in aller Seelenruhe durch drei bis vier Minuten anhalten und daraufhin den Eindruck der in den folgenden sieben Zeilen wiedergegebenen Meditation in der Seele festhalten; nur entsprechend mit entgegengesetztem Vorstellungsverlauf:

> Es tritt bewußt mein Ich
> Aus dem Reich der Daseinshüllen,
> Zu ruhen in der Welten Wesen.
> Ins Göttliche strebet es.
> Gewinne Seele dieses Reich;
> Des Geistes glänzend Wogenmeer,
> Des Lichts erstrahlende Gebilde.

Dann Rückschau auf das Tagesleben, bildsam und rückläufig.

Abends:

In Symbolen den Inhalt erleben von Licht, Wärme;
dann:

In der Gottheit der Welt
Werde ich mich selber finden,
In IHR ruhe ich.
Es erstrahlt die Göttlichkeit meiner Seele
In der reinen Liebe zu allen Wesen,
Es erglänzt die Gottheit der Welt
In den reinen Strahlen des Lichts.

(Fünf Minuten der Wirkung hingeben, dann Rückschau auf die Ereignisse des Tages – sieben bis acht Minuten.)

Vorstellung des Rosenkreuzes

In meinem Herzen wohne Weltenlicht.

Morgens:

Wiedererwecken der Bilder.

In den reinen Strahlen des Lichts
Erglänzt die Gottheit der Welt.
In der reinen Liebe zu allen Wesen
Erstrahlt die Göttlichkeit meiner Seele.
Ich ruhe in der Gottheit der Welt;
Ich werde mich selbst finden
In der Gottheit der Welt.

(Fünf Minuten der Wirkung hingeben. Dann: Seelenruhe.)

Vorstellung einer werdenden Pflanze; man lasse diese in Gedanken ganz langsam vor sich wachsen: Blatt für Blatt, Blüte, Frucht. Man stelle sich die Kraft vor: wie diese das Werden bewirkt. Dann denke man sich diese Kraft in das eigene Herz hinein.

(Konzentriere sich darauf zwei bis drei Minuten.)

In meinem Herzen wohne Weltenwort.

Am Tage: Nebenübungen.

Abends:

Meditation über das Rosenkreuz

Es weiset dieses Zeichen mir
Lebenssieg über Todesmacht.
In mir fühlen will ich
Dieses Zeichens Sinn.
Es wird mich aufrichten
Und aufgerichtet tragen
In allen Lebenssphären.

Morgens:

Im Urbeginn war das Wort
Und das Wort sei in mir;
Und das Wort war göttlich.
Und mit göttlicher Kraft
Durchdringe mich das Wort.
Und ein Gott war das Wort
Und Gotteskraft gebe das Wort meinem Willen.

Am Tage die Nebenübungen.

Abends:

Vorstellung des Rosenkreuzes

Du meine Seele,
Blicke hin auf dieses Zeichen:
Ausdruck sei es dir
Des Weltengeistes,
Der erfüllet Weltenweiten,
Der da wirkt durch Zeitenfolgen
Und ewig wirkt in dir.

(Seelenruhe)

Morgens:

Vorstellung des Rosenkreuzes

In diesem Zeichen
Stehe mein Denken,
Stehe mein Wollen,
Stehe mein Fühlen.
Was es deutet
Lebe in meines Herzens Tiefen,
Lebe als Licht in mir.

(Seelenruhe)

Abends:

1. Rückschau so, wie sie gefordert ist in *Wie erlangt man Erkenntnisse der höheren Welten:* fünf Minuten etwa.
2. Rosenkreuz-Meditation, die etwa fünf Minuten dauert und an die sich dann weitere fünf Minuten lang schließt:

> In des Lichtes reinen Strahlen
> Kann ich schauen
> Aller Weisheit reine Kraft.
> In des Herzens Wellenschlag
> Kann ich fühlen
> Alles Daseins starkes Sinnbild.
> Beides will ich fühlen.
>
> (Seelenruhe)

Morgens:

> Erst Rosenkreuz-Meditation.
> Dann Versenkung in den Gedanken:
>
> Weisheit im Geiste,
> Liebe in der Seele,
> Kraft im Willen:
> Sie geleiten mich
> Und halten mich.
> Ich vertraue ihnen,
> Ich opfer ihnen.
>
> (Seelenruhe)

Die Nebenübungen im Sinne von *Geheimwissenschaft.*

VI

Des Lichtes reine Strahlen
Zeiget mir der Welten Geist;
Der Liebe reine Wärme
Zeige mir der Welten Seele.
Gottinnigkeit
In meinem Herzen
In meinem Geist.

(Seelenruhe)

Morgens:

Vorstellung des Rosenkreuzes

In meinem Geist
In meinem Herzen
Gottinnigkeit.
Zeige mir der Welten Seele
Der Liebe reine Wärme;
Zeiget mir der Welten Geist
Des Lichtes reine Strahlen.

(Seelenruhe)

Abends:

1. Rückschau. Vom Abend zum Morgen.
2. Blau des Himmels mit vielen Sternen:

> Fromm und ehrfürchtig
> Sende ahnend in Raumesweiten
> Meine Seele den fühlenden Blick.
> Aufnehme dieser Blick
> Und sende in meines Herzens Tiefen
> Licht, Liebe, Leben,
> Aus Geisteswelten.
>
> (Seelenruhe)

Morgens:

> Vorstellung des Rosenkreuzes
>
> Was in diesem Sinnbild
> Zu mir spricht
> Der Welten hoher Geist,
> Erfülle meine Seele
> Zu aller Zeit
> In allen Lebenslagen
> Mit Licht, Liebe, Leben.
>
> (Seelenruhe)

Sechs Nebenübungen.

VIII

Morgens:

Es dämmert die Sonne,
Es schwinden die Sterne.
Es dämmert die Seele,
Es schwinden die Träume,
 Tag nimm mich auf.
 Tag beschütze mich
 In wandelndem Erdenleben.

Abends:

Wenn Sternenweltensein
Mein Ich ins Geistgebiet
Schlafend entrückt:
 Hole ich mir Seelenkraft
 Aus wirkender Weltenmacht,
 Zu streben geisteswärts.

IX

Meditationsworte für schon Vorgeschrittenere, die Empfindung ergreifend:

Abends:

1. Rückschau
2. Sich vorstellend versetzen in den monddurchhellten Nachtraum; darin *empfindend* erleben:

> Im Urbeginn war Jahve
> Und Jahve war bei den Elohim
> Und Jahve war einer der Elohim
> Und Jahve lebt in mir.

Dann vorstellend verwandeln lassen den monddurchhellten Raum in den sonnendurchleuchteten Tagraum; darin *empfindend* erleben:

> Und Christus lebt in mir
> Und Christus ist einer der Elohim
> Und Christus ist bei den Elohim
> Am Ende wird sein Christus.

Morgens:

Erst sonnendurchleuchteter Tagraum – empfindend erleben in Abenddämmerungstimmung

> Am Ende wird sein Christus

Dann Vorstellung – Sonne über dem Haupte:

> Und Christus ist in mir

Dann Vorstellung Tagraum – empfindend erleben in Morgenstimmung:

> Und ich bin in durchchristeter Welt.

Dazu: sechs Nebenübungen.

X

Abends:

Es schwebet empor
Aus den Weltentiefen   } mehr vorstellend meditieren
Die Christussonne
Ihr Licht wird Geist –   vorstellend-fühlend meditieren
Es leuchtet im All
Es geistet in mir   } fühlend meditieren
Es lebet in meinem Ich.

Morgens:

Es lebet in meinem Ich
Es geistet in mir   } mehr fühlend meditieren
Es leuchtet im All
Es ist das Geisteslicht –   vorstellend-fühlend meditieren
Es ist Licht der Christussonne
Aus den Weltentiefen,   } vorstellend meditieren
Aus denen es schwebend kommt.

Abends:

Im Urbeginn war das Wort
Und das Wort war bei Gott
Und ein Gott war das Wort.
Und das Wort,
Es lebe im Herzen,
Im Herzen deines Wesens,
In deinem Ich.

Morgens:

In deinem Ich,
Im Herzen deines Wesens
Da lebe das Wort,
Das Geisteswort.
Und das Wort war bei Gott
Und ein Gott war das Wort.
Im Urbeginne war das Wort.

XII

Morgens:

Standhaftigkeit:	linkes Bein
Sicherheit:	rechtes Bein
Liebe:	linke Hand
Hoffnung:	rechte Hand
Vertrauen:	Kopf

Standhaft mich stellen ins Dasein:	konzentrieren auf linkes Bein
Sicher schreiten die Lebensbahn:	konzentrieren auf rechtes Bein
Liebe hegen im Wesenskern:	konzentrieren auf linken Arm
Hoffnung prägen in jedes Tun:	konzentrieren auf rechten Arm
Vertrauen legen in alles Denken:	konzentrieren auf den Kopf

Diese *Fünf* führen mich zum Ziel
Diese *Fünf* gaben mir das Dasein.

Abends:

Rückschau auf die Tageserlebnisse.
Von rückwärts nach vorn
recht bildsam.

XIII

Andere Fassung der vorhergehenden Übung

Morgens:

Standhaftigkeit:	linkes Bein
Sicherheit:	rechtes Bein
Kraft:	Herz
Liebe:	linker Arm
Hoffnung:	rechter Arm
Vertrauen:	Kopf

Standhaft stelle ich mich ins *Dasein:*	konzentrieren auf linkes Bein
Sicher schreite ich die Lebensbahn:	konzentrieren auf rechtes Bein
Kraft fließt mir ins Herz:	konzentrieren auf das Herz
Liebe hege ich im Wesenskern:	konzentrieren auf linken Arm
Hoffnung präge ich in jedes Tun:	konzentrieren auf rechten Arm
Vertrauen lege ich in alles Denken:	konzentrieren auf Kopf

Diese *Sechs* geleiten mich durchs *Dasein.*

Abends:

Rückschau auf die Tageserlebnisse.
Bildsam.
Von rückwärts nach vorne.

III

Mantrische Sprüche

*die außer den Haupt- und Nebenübungen
meditiert werden können*

MEDITATIONEN

DIE DAS ZEITWESEN DER HIERARCHIEN ERFASSEN

(Tagessprüche)

«... sieben Sprüche, die sich auf die sieben Wochentage verteilen. Man übt sie so, daß man sich am Freitag in den für Sonnabend, am Sonnabend in den für Sonntag usw. vertieft. Sie können dies mehrmals im Tage machen und versuchen 20–30 Minuten die Tiefe eines solchen Spruches auszuschöpfen. Sie werden sehr viel davon haben für die Gewinnung eines Zusammenhanges mit dem Mysterium der alldurchdringenden Siebenheit.»

Der Tag fängt im okkulten Sinne um sechs Uhr nachmittags an

Großer umfassender Geist,
    der Du den endlosen Raum erfülltest,
    als von meinen Leibesgliedern
    keines noch vorhanden war.
Du warst.
    Ich erhebe meine Seele zu Dir.
Ich war in Dir.
    Ich war ein Teil Deiner Kraft.
Du sandtest Deine Kräfte aus,
    und in der Erde Urbeginn spiegelte sich
    meiner Leibesform erstes Urbild.
In Deinen ausgesandten Kräften
    war ich selbst.
Du warst.
Mein Urbild schaute Dich an.
    Es schaute mich selbst an,
    der ich war ein Teil von Dir.
Du warst.

Großer umfassender Geist,
    viele Urbilder sproßten aus Deinem Leben,
    damals, als meine Lebenskräfte
    noch nicht vorhanden waren.
Du warst.
    Ich erhebe meine Seele zu Dir.
Ich war in Dir.
    Ich war ein Teil Deiner Kräfte.
Du verbandest Dich
    mit der Erde Urbeginn
    zur Lebenssonne
    und gabest mir die Lebenskraft.
In Deinen strahlenden Lebenskräften
    war ich selbst.
Du warst.
Meine Lebenskraft strahlte in der Deinen
    in den Raum,
    mein Leib begann sein Werden
    in der Zeit.
Du warst.

Großer umfassender Geist,
    in Deinen Lebensformen leuchtete Empfindung,
    als meine Empfindung
    noch nicht vorhanden war.
Du warst.
    Ich erhebe meine Seele zu Dir.
Ich war in Dir.
    Ich war ein Teil Deiner Empfindungen.
Du verbandest Dich
    mit der Erde Urbeginn,
    und in meinem Leibe begann
    das Leuchten der eignen Empfindung.
In Deinen Gefühlen
    fühlte ich mich selbst.
Du warst.
Meine Empfindungen fühlten Dein Wesen in sich,
    Meine Seele begann in sich zu sein,
    weil Du in mir warst.
Du warst.

Großer umfassender Geist,
    in Deinen Empfindungen lebte Erkenntnis,
    als mir noch nicht Erkenntnis gegeben war.
Du warst.
    Ich erhebe meine Seele zu Dir.
Ich zog ein in meinen Leib.
    In meinen Empfindungen lebte ich mir selbst.
Du warst in der Lebenssonne;
    in meiner Empfindung
    lebte Dein Wesen als mein Wesen.
Meiner Seele Leben
    war außerhalb Deines Lebens.
Du warst.
Meine Seele fühlte ihr eigenes Wesen in sich.
    In ihr erstand Sehnsucht, –
    die Sehnsucht nach Dir,
    aus dem sie geworden.
Du warst.

Großer umfassender Geist,
　　in Deines Wesens Erkenntnis ist Welterkenntnis,
　　die mir werden soll.
Du bist.
　　Ich will einigen meine Seele mit Dir.
Dein erkennender Führer
　　beleuchte meinen Weg.
　　Fühlend Deinen Führer
　　durchschreite ich die Lebensbahn.
Dein Führer ist in der Lebenssonne;
　　er lebte in meiner Sehnsucht;
　　aufnehmen will ich sein Wesen
　　in meines.
Du bist.
Meine Kraft nehme auf
　　des Führers Kraft in sich.
　　Seligkeit zieht in mich, –
　　die Seligkeit, in der die Seele
　　den Geist findet.
Du bist.

Großer umfassender Geist,
    in Deinem Lichte strahlt der Erde Leben,
    mein Leben ist in dem Deinen.
Du bist.
    Meine Seele wirkt in der Deinen.
Mit Deinem Führer gehe ich meinen Weg;
    ich lebe mit Ihm.
    Sein Wesen ist Bild
    meines eignen Wesens.
Du bist.
Des Führers Wesen in meiner Seele
    findet Dich, umfassender Geist.
    Seligkeit wird mir
    aus Deines Wesens Hauch.
Du bist.

Großer umfassender Geist,
in Deinem Leben lebe ich mit der Erde Leben.
In Dir bin ich.
Du bist.
Ich bin in Dir.
Der Führer hat mich zu Dir gebracht;
ich lebe in Dir.
Dein Geist ist
meines eignen Wesens Bild.
Du bist.
Gefunden hat Geist
den umfassenden Geist.
Gottseligkeit schreitet
zu neuem Weltschaffen.
Du bist. Ich bin. Du bist.

Großer umfassender Geist,
    mein Ich erhebe sich von unten nach oben,
    ahnen mög es Dich im Allumfassen.
Der Geist meines Wesens durchleuchte sich
    mit dem Licht Deiner Boten,
Die Seele meines Wesens entzünde sich
    an den Feuerflammen Deiner Diener
Der Wille meines Ich erfasse
    Deines Schöpferwortes Kraft.
Du bist.
    Dein *Licht* strahle in meinen Geist,
    Dein *Leben* erwarme meine Seele,
    Dein *Wesen* durchdringe mein Wollen,
    daß Verständnis fasse mein Ich
    für Deines Lichtes Leuchten,
    Deines Lebens Liebewärme,
    Deines Wesens Schöpferworte.
Du bist.

Im Geiste lag der Keim meines Leibes.
Und der Geist hat eingeprägt meinem Leibe
Die sinnlichen Augen,
Auf daß ich durch sie sehe
Das Licht der Körper.
Und der Geist hat eingeprägt meinem Leibe
Vernunft und Empfindung
Und Gefühl und Wille
Auf daß ich durch sie wahrnehme die Körper
Und auf sie wirke.
Im Geiste lag der Keim meines Leibes.

In meinem Leibe liegt des Geistes Keim.
Und ich will eingliedern meinem Geiste
Die übersinnlichen Augen,
Auf daß ich durch sie schaue das Licht der Geister.
Und ich will einprägen meinem Geiste
Weisheit und Kraft und Liebe,
Auf daß durch mich wirken die Geister
Und ich werde das selbstbewußte Werkzeug
Ihrer Taten.
In meinem Leibe liegt des Geistes Keim.

Ich schaue in die Finsternis:
In ihr ersteht Licht,
Lebendes Licht.
Wer ist dies Licht in der Finsternis?
Ich bin es selbst in meiner Wirklichkeit.
Diese Wirklichkeit des Ich
Tritt nicht ein in mein Erdendasein.
Ich bin nur Bild davon.
Ich werde es aber wiederfinden,
Wenn ich,
Guten Willens für den Geist,
Durch des Todes Pforte gegangen.

O Gottesgeist erfülle mich
Erfülle mich in meiner Seele;
Meiner Seele leihe starke Kraft,
Starke Kraft auch meinem Herzen
Meinem Herzen, das dich sucht,
Sucht durch tiefe Sehnsucht
Tiefe Sehnsucht nach Gesundheit
Nach Gesundheit und Starkmut
Starkmut der in meine Glieder strömt
Strömt wie edles Gottgeschenk
Gottgeschenk von dir, o Gottesgeist
O Gottesgeist erfülle mich.

Es offenbart die Weltenseele sich
Am Kreuze des Weltenleibes.
Sie lebet fünfstrahlig leuchtend
Durch Weisheit, Liebe, Willenskraft,
Durch Allsinn und durch Ichsinn
Und findet so
Den Geist der Welt in sich.

Es leuchtet die Sonne
Dem Dunkel des Stoffes;
So leuchtet des Geistes
Allheilendes Wesen
Dem Seelendunkel
In meinem Menschensein.
So oft ich mich besinne
Auf ihre starke Kraft
In rechter Herzenswärme
Durchglänzt sie mich
Mit ihrer Geistesmittagskraft.

Ich trage Ruhe in mir,
Ich trage in mir selbst
Die Kräfte, die mich stärken.
Ich will mich erfüllen
Mit dieser Kräfte Wärme,
Ich will mich durchdringen
Mit meines Willens Macht.
Und fühlen will ich
Wie Ruhe sich ergießt
Durch all mein Sein,
Wenn ich mich stärke,
Die Ruhe als Kraft
In mir zu finden
Durch meines Strebens Macht.

Sieghafter Geist
Durchflamme die Ohnmacht
Zaghafter Seelen.
Verbrenne die Ichsucht,
Entzünde das Mitleid,
Daß Selbstlosigkeit,
Der Lebensstrom der Menschheit,
Wallt als Quelle
Der geistigen Wiedergeburt.

Für einen Verstorbenen

« . . . Werden Sie ganz still in sich dreimal des Tages, wovon das eine Mal unmittelbar am Abend vor dem Einschlafen sein soll, so daß Sie die Gedanken selbst mit hinübernehmen in die geistige Welt. Am besten ist es, Sie schlafen mit den Gedanken ein:

‹Meine Liebe sei den Hüllen,
Die dich jetzt umgeben –
Kühlend alle Wärme,
Wärmend alle Kälte –
Opfernd einverwoben!
Lebe liebgetragen,
Lichtbeschenkt, nach oben!›

Es kommt darauf an, daß Sie bei den Worten ‹Wärme› und ‹Kälte› die richtigen Gefühle haben. Es sind nicht physische ‹Wärme› und ‹Kälte› gemeint, sondern etwas von Gefühlswärme und Gefühlskälte, obwohl der in physischer Hülle befindliche Mensch sich nicht ganz leicht eine Vorstellung von dem machen kann, was diese Eigenschaften für den Entkörperten bedeuten. Dieser muß nämlich zunächst gewahr werden, daß das noch an ihm befindliche Astrale wirksam ist, ohne daß es sich der physischen Werkzeuge bedienen kann. Vieles, wonach der Mensch hier auf Erden strebt, wird ihm durch die physischen Werkzeuge gegeben. Nun sind diese nicht da. Dieses Nichthaben der physischen Sinnesorgane gleicht – aber eben *gleicht* nur – dem Gefühle des brennenden Durstes ins Seelische übertragen. Das sind die starken ‹Hitzeempfindungen› nach der Entkörperung. Und ebenso ist es mit dem, wonach unser Wille verlangt, es zu tun. Er ist gewohnt, sich physischer Tätigkeitsorgane zu bedienen und hat sie nicht mehr. Diese ‹Entbehrung› kommt einem seelischen Kältegefühl gleich. Gerade diesen Gefühlen gegenüber können die Lebenden helfend eingreifen. Denn diese Gefühle sind nicht etwa *bloß* Ergebnisse des individuellen Lebens, sondern sie hängen zusammen mit den Mysterien der Inkarnation. Und es ist deshalb möglich, dem Entkörperten zu Hilfe zu kommen ...»

IV

Erläuterungen in esoterischen Stunden

Einzige Niederschrift Rudolf Steiners einer esoterischen Stunde

Der Spruch:

> Strahlender als die Sonne
> Reiner als der Schnee
> Feiner als der Äther
> Ist das Selbst,
> Der Geist in meinem Herzen.
> Dies Selbst bin Ich,
> Ich bin dies Selbst.

erhebt uns jeden Morgen zu unserem höheren Selbst. Solche Sprüche sind nicht durch die Willkür einer Persönlichkeit ersonnen, sondern sie sind herausgeholt aus der geistigen Welt. Viel mehr ist deshalb in ihnen enthalten, als man gewöhnlich glaubt. Und man denkt dann richtig über sie, wenn man voraussetzt, daß man ihren Inhalt nie ganz ergründen kann, sondern immer mehr in ihnen finden kann, je mehr man sich in sie vertieft. Von der Esoterischen Schule können daher immer nur einzelne Hinweise gegeben werden, wie man den Inhalt sucht. Einige solche Hinweise werden im Folgenden gegeben.

Strahlender als die Sonne

Der Mensch sieht die Gegenstände um sich herum nur, wenn diese von der Sonne beschienen werden. Was sie sichtbar macht, sind die von ihnen in das Auge des Beschauers zurückgeworfenen Sonnenstrahlen. Wäre kein Licht, so wären die Dinge nicht sichtbar. Aber durch dieses äußere Licht werden nur die Gegenstände der physischen Welt sichtbar. Ein Licht, das «strahlender ist als die Sonne», muß dem Menschen leuchten, wenn er die seelischen und die geistigen Wesen und Dinge sehen soll. Dieses Licht geht von keiner äußeren Sonne aus. Es geht aus von der Lichtquelle, die wir in uns selbst entzünden, wenn wir in unserem Innern das höhere, ewige Selbst aufsuchen. Dieses höhere Selbst ist andern Ursprungs als das niedere Selbst. Das letztere empfindet die alltägliche Umgebung. Aber, was in dieser alltäglichen Umgebung lebt, ist einmal entstanden und wird vergehen. Was wir daran empfinden, hat so selbst nur einen vergänglichen Wert. Und aus solchen Empfindungen und den Gedanken darüber ist auch unser vergängliches Selbst aufgebaut. Alle Dinge, welche durch die Sonne sichtbar werden, sie sind einmal nicht gewesen und sie werden einmal nicht mehr sein. Und auch die Sonne ist einmal entstanden und wird dereinst vergehen. Aber die Seele ist gerade dazu da, in den Dingen das Ewige zu erkennen. Wenn einstmals die ganze Erde nicht mehr sein wird, dann werden noch die Seelen sein, die sie bewohnt haben. Und was diese Seelen auf der Erde erlebt haben, das werden sie als eine Erinnerung anderswohin tragen. Es ist, wie wenn mir ein Mensch Gutes getan hat. Die Tat vergeht. Aber was er in meine Seele dadurch verpflanzt hat, das bleibt. Und das Band von Liebe, das dadurch mich mit ihm verbunden hat, das vergeht nicht. Was man erlebt, ist immer der Ursprung von etwas Bleibendem in uns. Wir selbst holen so aus den Dingen das Bleibende heraus und tragen es in die Ewigkeit hinüber. Und wenn die Menschen dereinst auf einen ganz anderen Schauplatz verpflanzt werden, dann werden sie das mitbringen, was sie hier gesammelt haben. Und ihre Taten in der neuen Welt werden aus der Erinnerung an die alte gewoben sein. Denn kein Same ist, der nicht Frucht erzeugt. Sind wir mit einem Menschen in Liebe verbunden, so ist diese Liebe ein Same, und die Frucht erleben wir in aller Zukunft, indem wir mit einem solchen Menschen zusammengehören in aller Zukunft. So lebt etwas in uns, was mit der göttlichen Kraft verwoben ist, die alle Dinge zum ewigen Weltgewebe verbindet. Dieses «Etwas» ist unser höheres Selbst. Und *dieses* ist «strahlender als die Sonne». Das Licht der Sonne beleuchtet nur einen Menschen von außen. Meine Seelensonne beleuchtet ihn von innen. Deshalb ist sie strahlender als die Sonne.

Reiner als der Schnee

In sich ist jedes Ding rein. Verunreinigt kann es nur werden, wenn es sich mit anderem verbindet, was nicht so mit ihm verbunden sein sollte. Das Wasser für sich ist rein. Aber auch das, was als der Schmutz im Wasser enthalten ist, wäre rein, wenn es in sich wäre, wenn es sich nicht unrechtmäßigerweise mit dem Wasser verbunden hätte. Kohle für sich ist rein. Zum Schmutze wird sie nur, wenn sie sich mit dem Wasser unrichtig verbindet. Wenn nun das Wasser seine eigene Form im Schneekristall annimmt, dann sondert sie aus alles, was sich unrechtmäßig mit ihm verbunden hat. So wird die Menschenseele rein, wenn sie alles aussondert, was zu Unrecht mit ihr verbunden ist. Und zu ihr gehört das Göttliche, das Unvergängliche. Jedes Ideal, jeder Gedanke an etwas Großes und Schönes gehört zur inneren Form der Seele. Und wenn sie sich auf solche Ideale, auf solche Gedanken besinnt, dann reinigt sie sich, wie sich das Wasser reinigt, wenn es Schneekristall wird. Und weil das Geistige reiner als aller Stoff ist, so ist das «höhere Selbst», das heißt die Seele, die im Hohen lebt, «reiner als der Schnee».

Feiner als der Äther

Der Äther ist der feinste Stoff. Aber *aller* Stoff ist noch dicht im Verhältnis zum Seelischen. Nicht das *Dichte* ist das Bleibende, sondern das «Feine». Der Stein, an den man denkt als Stoff, vergeht als Stoff. Aber der *Gedanke* an den Stein, der in der Seele lebt, bleibt. Gott hat diesen Gedanken gedacht. Und er hat daraus den dichten Stein gemacht. Wie das Eis nur verdichtetes Wasser ist, so ist der Stein nur ein verdichteter Gedanke Gottes. Alle Dinge sind solche verdichtete Gedanken Gottes. «Das höhere Selbst» aber löst alle Dinge auf, und in ihm leben dann die Gottesgedanken. Und wenn von solchen Gottesgedanken das Selbst gewoben ist, dann ist es «feiner als der Äther».

Der Geist in meinem Herzen

Erst dann hat der Mensch ein Ding begriffen, wenn er es mit dem Herzen erfaßt hat. Verstand und Vernunft sind bloß Vermittler für die Auffassung des Herzens. Durch Verstand und Vernunft dringt man zu den Gottesgedanken. Aber wenn man so den Gedanken hat, dann muß man ihn *lieben* lernen. Der Mensch lernt nach und nach alle Dinge lieben. Das will nicht sagen, daß er urteilslos sein Herz an alles hängen soll, was ihm begegnet. Denn unsere Erfahrung ist zunächst eine trügerische. Aber wenn man sich bemüht, ein Wesen oder Ding auf seinen göttlichen Grund hin zu erforschen, dann beginnt man es auch zu lieben. Wenn ich einen verworfenen Menschen vor mir habe, so soll ich nicht etwa seine Verworfenheit lieben. Dadurch würde ich nur im Irrtum sein, und ihm würde ich nicht helfen. Wenn ich aber darüber nachdenke, wie dieser Mensch zu seiner Verworfenheit gekommen ist, und wenn ich ihm beistehe, die Verworfenheit abzulegen, dann helfe ich ihm, und ich selbst ringe mich zur Wahrheit durch. Ich muß überall suchen, *wie* ich lieben kann. Gott ist in allen Dingen, aber dieses Göttliche in einem Dinge muß ich erst suchen. Nicht die Außenseite eines Wesens oder Dinges soll ich ohne weiteres lieben, denn diese ist trügerisch, und da könnte ich leicht den Irrtum lieben. Aber *hinter* aller Illusion liegt die Wahrheit, und die kann man immer lieben. Und sucht das Herz die Liebe der Wahrheit in allen Wesen, dann lebt der «Geist im Herzen». Solche Liebe ist das Kleid, das die Seele immer tragen soll. Dann webt sie selbst das Göttliche in die Dinge hinein.

*

Die Mitglieder der Schule sollen manche freie Minute des Tages benützen, um solche Gedanken an die göttlichen Weisheitssprüche zu knüpfen, die uns von den Meistern aus einer unermeßlich großen Welterfahrung gegeben sind. Nie sollten sie glauben, daß sie einen solchen Spruch schon ganz verstanden haben, sondern immer voraussetzen, daß noch mehr darinnenliegt, als sie schon gefunden haben. Durch solche Gesinnung erlangt man das Gefühl, daß in aller wahren Weisheit der Schlüssel liegt zum Unendlichen, und man verbindet sich durch solche Gesinnung mit diesem Unendlichen.

*

Nicht darauf kommt es an, daß man viele Sätze meditiert, sondern darauf, daß man weniges immer wieder in der ruhig gewordenen Seele leben läßt.

In der Meditation selbst soll man wenig spekulieren, sondern gelassen den Inhalt der Meditationssätze auf sich wirken lassen. Aber *außer* der Meditation in den freien Augenblicken des Tages soll man immer wieder auf den Inhalt der Meditationssätze zurückkommen und sehen, welche Betrachtungen man aus ihnen saugen kann. Dann werden sie lebendige Kraft, die sich in die Seele senkt und diese stark und kräftig macht. Denn wenn die Seele sich mit der ewigen Wahrheit verbindet, lebt sie selbst im Ewigen. Und wenn die Seele im Ewigen lebt, dann haben die höheren Wesen den Zugang zu ihr und können ihre eigene Kraft in sie senken.

VON DER VEREINIGUNG DES ABBILDS MIT DEM URBILD
DAS AUM UND DER OSTERGEDANKE

Alles Physische um uns her entsteht und vergeht, nur die Urbilder der Dinge entstehen und vergehen nicht; sie sind nicht geschaffen und vergehen nicht, sie sind ewig. Die physische Erde entsteht und vergeht, aber das Urbild der Erde entsteht und vergeht nicht. Das Urbild der Erde ist ewig. Und in dem Urbild der Erde sind enthalten alle andern Urbilder der physischen Welt. Wie das Urbild der Erde, so entstehen und vergehen sie nicht, sie sind ewig. Wie die Erde ihr ewiges Urbild hat, so hat auch jedes Mineral, jede Pflanze, jedes Tier, jeder Mensch das seinige, das in Ewigkeit erstrahlt in Schönheit und Herrlichkeit. Mit den Urbildern der Dinge muß der Mensch sich immer mehr vereinigen lernen. Zu ihnen muß er aufsteigen. Er lernt mit diesen sich verbinden durch das Leben mit der Erinnerung. Wenn der Schüler in der Abendrückschau auf den Tag zurückblickt, der verstrichen ist, und sich erinnert an die Szenen des Tages, an Freudiges und Schmerzliches, was er erlebt hat, wenn er die Freuden und Schmerzen, die mit den Ereignissen des Tages verknüpft waren, in der Erinnerung wieder durch die Seele ziehen läßt, dann setzt er sich mit jenem Leben in Verbindung, das bleibt, das noch vorhanden ist auch ohne die materielle Wirklichkeit. Der Mensch muß durch seine Phantasie sich zurückrufen die Ereignisse in seinem eigenen Leben und dem Leben anderer und muß sich durch seine Seele fluten lassen Freude und Schmerz, die mit den Ereignissen verknüpft waren: dadurch lernt er den Aufstieg zu den Wesenheiten, die sich in Freude und Schmerz verkörpern und lernt bewußt leben in der Seelenwelt. Beständig sind wir von solchen Wesenheiten umgeben. Dann lernt man sie wahrnehmen.

Wenn wir versuchen, uns in die Erinnerung zu rufen Erlebnisse aus der Vergangenheit, bei denen wir dabei gewesen, so ist das etwas anderes, als wenn wir zurückdenken an Ereignisse, von denen wir gelesen oder gehört haben. Der Unterschied ist der, daß wir bei den ersteren mit unserem Selbst dabei gewesen sind. Und darauf kommt es an. Es ist gut, wenn wir uns darin üben, Erlebnisse aus unserer Vergangenheit in die Erinnerung zurückzurufen. Ein Schmerz, eine Freude, die wir einst empfanden, sieht in der Erinnerung ganz anders aus, als damals in der Gegenwart. Durch dieses Zurückrufen nähern wir uns der wahren Erkenntnis. Wir sehen die Dinge, wie sie wirklich sind, wenn wir es erreichen können, einen Schmerz, eine Freude, die wir nicht haben, wirklich zu fühlen. Wenn wir fähig sind, Bilder in uns aufsteigen zu lassen von dem, was wir jetzt nicht sehen, so nähern wir uns damit der schaffenden Göttlichkeit.

In den Rosenkreuzerschulen wurden solche Lehren den Schülern gegeben. Sie mußten aus eigener Willkür Lust und Unlust, die mit früheren Vorgängen im Leben verknüpft waren, jetzt ohne die brutale Wirklichkeit durch ihre Seele ziehen lassen. Wenn man in dieser Weise Lust und Unlust in der Seele aufsteigen läßt, so erweckt man die seelischen Organe. Dem, der das noch nicht selber herbeiführen konnte, wurden zur Erweckung der Seelenorgane von den Eingeweihten dramatische Bilder vorgeführt, Szenen aus dem menschlichen Leben, bei denen der Mensch lernte, auch ohne die brutale Wirklichkeit das zu empfinden, was sonst mit den Ereignissen selbst verknüpft ist. Das ist das, was von den Ereignissen in der Welt bleibt. Dazu muß der Mensch sich emporschwingen lernen.

Der Mensch wird sich in dem Maße an frühere Erdenleben erinnern, als er gelernt hat, das Ewige in den Dingen zu erkennen und als er selbst solches Ewige in die Welt hineinbringt.

Der Yogaschüler macht Atemübungen. Das Atmen des gewöhnlichen Menschen ist unregelmäßig, unrhythmisch. Der Yogaschüler lernt seinen Atem in Rhythmus bringen. Das unrhythmische Atmen ist eigentlich ein Töten. Durch seinen Atem, den der Mensch ausströmt, tötet er. Sich und anderen Lebewesen bringt er den Tod, so lange nicht der Atem durch die Yogaübung rhythmisch und lebensvoll geworden ist. Durch das rhythmische Atmen wird das Atmen des Menschen auch individuell. Bei den Wilden sind selbst die Handlungen wenig individuell. Je höher der Mensch steigt in der Entwickelung, desto mehr werden seine Handlungen ein individuelles Gepräge tragen. Aber das Atmen ist zunächst auch bei allen entwickelten Menschen gleich; nun muß der Mensch lernen, seinen Atem zu individualisieren. Dadurch arbeitet er im Atmungsprozeß sich selbst in charakteristischer Weise immer mehr in die Umwelt hinein. So viel, wie er von sich in die Umwelt durch sein Atmen hineinarbeitet, so viel bleibt von ihm als Ewiges, Unvergängliches zurück, so viel wird er in allen folgenden Inkarnationen von sich wiederfinden. Er wandelt durch den rhythmischen Atmungsprozeß die Umwelt um und ist so ein Mitarbeiter an kosmischen Vorgängen. Er schafft mit auf der Erde.

Während der Atem des gewöhnlichen Menschen tötet, bringt der Atem des gereinigten Menschen der Umwelt Leben. Die Luft in den Städten ist nicht nur schlechter, weil sie durch allerlei Physisches verunreinigt wird, sondern das unrhythmische, nicht gereinigte Atmen der Menschen verdirbt die Luft. Die Luft in den Städten ist voll Giftstoff durch die Unmoralität der Menschen. Auf dem Lande ist die Luft reiner als in den Städten. Die Menschen führen dort noch ein einfacheres, rhythmischeres Leben in größerer Ruhe. Während der Mensch in den Städten erfüllt ist mit Gedanken an tausenderlei Dinge, die unrhythmisch in seinem Leben durcheinanderfluten, so gewöhnt sich der Mensch auf dem Lande daran, sein Leben in den rhythmischen Verlauf der Natur, des Werdens und Vergehens, in den Rhythmus der Jahreszeiten einzufügen. Rhythmisch nimmt er im Zusammenhang mit der Natur jedes Jahr zu bestimmten Zeiten bestimmte Arbeiten vor und setzt sich dadurch in eine viel innigere Verbindung mit den großen Weltgesetzen, als es der Städter tut, der diese Weltgesetze ganz unberücksichtigt läßt. Durch dieses rhythmische Sicheinordnen in den Verlauf des Weltenlebens bringt der auf dem Lande Lebende auch in sein Leben Rhythmisches hinein. Durch solchen Rhythmus wird auch die Luft, die er ausatmet, rhythmischer, reiner und besser.

Die Pflanzen strömen reine Luft aus. Sie sind rein, ohne Begierde, selbstlos; darum fühlt man sich wohl in der Pflanzenwelt: sie strömt Leben aus. Aber der gewöhnliche Mensch bringt mit seinem Atem der Umwelt den Tod. Er muß durch ein reines, moralisches, selbstloses Leben seinen Atem verwandeln in einen reinen, lebensvollen, und durch die Yogaübungen muß er ihn in Rhythmus bringen. Dann muß er lernen, seine Individualität in dem Atem auszuströmen, sie der Welt einzuprägen: er gibt dadurch der Umwelt Leben. Durch fortgesetzte Schulung dieser Art lernt der Yogi über dem rein Physischen schweben, sich hineinversetzen in das Ewige. Er steigt dadurch auf zu den ewigen, unvergänglichen Urbildern der Dinge, die nicht entstehen und nicht vergehen; auch mit seinem eigenen Urbild vereinigt er sich. Der Mensch entsteht und vergeht physisch; aber für jeden Menschen ist ein Urbild da; das ist ewig.

Lernt der Yogi sich mit den Urbildern vereinigen, so ist er aufgestiegen in die ewige Welt des Geistes; er schwebt über dem Vergänglichen. Das ist der Zustand, von dem gesagt wird, daß der Yogi dann ruht zwischen den Schwingen des großen Vogels, des Schwanes, des Aum.

Das Aum ist das Hinübergehen aus den Abbildern zum Urbild zurück, – das Aufgehen in dem Unvergänglichen. Dieses Aufgehen in dem Ewigen, das Sich-Vereinigen mit den Urbildern, wird auch ausgedrückt in dem Mantram aus den Upanishaden:

Yasmāt jātam jagat sarvam, yasminn eva praliyate
yenedam dhriyate caiva, tasmai jnānātmane namah.

Das ist, was auch in dem Ostergedanken liegt. Es ist die Auferstehung des Menschen aus dem Haften am Vergänglichen und Materiellen in die ewigen Regionen der Urbilder hinein. Die Natur dient als Symbol dafür. Wie aus der Erde um Ostern aufsprießt überall neues Leben, nachdem das Samenkorn sich geopfert hat und in der Erde verfault ist, um neuem Leben die Möglichkeit zu entstehen zu geben, so muß auch alles Niedere im Menschen absterben. Er muß die niedere Natur hinopfern, damit er sich erheben kann zu den ewigen Urbildern der Dinge. Darum feiert auch die Christenheit in dieser Zeit des Erwachens der Natur aus dem Winterschlaf, den Tod und die Auferstehung des Erlösers.

Der Mensch muß auch erst sterben, um dann die Auferstehung im Geistigen zu erleben. Nur wer das Haften am Vergänglichen überwindet, der kann selbst unvergänglich werden, wie die ewigen Urbilder, der kann ruhen zwischen den Flügeln des großen Vogels Aum. Dann wird der Mensch ein solcher, der an dem Fortschritt der Welt mitarbeitet. Er gestaltet sie dann mit um für ein zukünftiges Dasein; er wirkt dann magisch aus seinem Innersten in die Welt hinein.

> Urselbst, von dem wir ausgegangen sind,
> Urselbst, welches in allen Dingen lebt,
> Zu dir, du höheres Selbst, kehren wir zurück.

Notizen von der esoterischen Stunde in Berlin
am 2. Oktober 1906

VOM AUFBAU DES GEISTIGEN LEIBES
DURCH DIE MEDITATION

In einem bescheiden demütigen Sinne soll es dennoch unser Selbstgefühl heben, daß wir würdig gefunden worden sind, teilzunehmen an der Esoterischen Schule. Nicht durch ein Ungefähr sind wir dahin gelangt. Daß wir sie gesucht haben, daß wir Einlaß erhielten, beweist uns, daß dieses Streben uns schon seit mehreren Leben erfüllte. Die Welt draußen kann uns nicht mehr befriedigen, wir können nicht in ihr aufgehen. Könnten wir das, wir hätten den Weg hierher nicht gesucht. Die Welt draußen repräsentiert das volle Aufblühen der fünften Unterrasse; neben diesem Aufblühen macht sich schon geltend die Morgenröte des sechsten Tages, oder der sechsten Unterrasse. Diese wird eine viel geistigere werden; der geistige Leib wird viel mehr entwickelt sein. Sie wird die Vorblüte dessen sein, was sich in der sechsten Wurzelrasse voll entwickeln wird. – Wir, die wir in der Esoterischen Schule sind, gehören zu dieser Morgenröte des sechsten Tages; wir folgen und dienen dem großen Meister, der ihre Gestaltung überwacht; unsere Aufgabe ist es, diesen geistigen Leib aus uns heraus zu schaffen und zu gebären. Unser physischer Leib ist nicht unser Ich; wir dürfen uns nicht mit ihm identifizieren. So wie er jetzt ist, in dieser mineralischen Festigkeit, haben wir ihn als ein Werkzeug für die Aufgaben der fünften Wurzelrasse erhalten. Als ein Werkzeug müssen wir ihn handhaben und formen; unser Ich soll Gewalt über ihn haben. Früher hatte unser Ich ein andersgeartetes Werkzeug; der Leib der vierten Wurzelrasse, der atlantischen, die noch nicht die Trennung von Sonne und Regen kannte, die durch wallende Nebel sich bewegte, war in mancher Hinsicht anders geartet, aber unser Ich war dasselbe; noch verschiedener waren die Leiber der lemurischen Rasse, besonders in deren Anfangsstadien, die sich schwebend bewegten in wässrigem und in luftartigem Element. Dasselbe Ich arbeitete an ihnen. Unser physischer Leib ist aus dem Makrokosmos herausgeboren. Die äußere Welt hat ihn gebildet; aus unserem physischen Leib heraus muß unser Ich den geistigen Leib gebären. Atma heißt unser geistiger Leib. Atma bedeutet Atem. Durch das geregelte Atmen in der Meditation bauen wir unsern geistigen Leib auf. Tatsächlich atmen wir mit jedem Atemzug unser Ich aus oder ein.

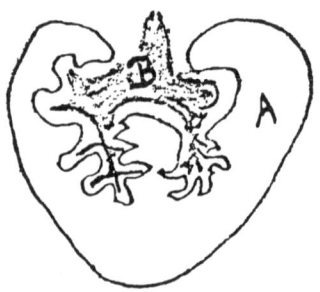

A. Phys. Org., Phys. Leib, Ätherl., Astrall.
B. Manas, Buddhi, Atma (Geistselbst. . . .)

Diese Zeichnung hilft uns veranschaulichen, was tatsächlich geschieht. Innerhalb unseres von den Göttern aufgebauten äußeren Leibes formen wir den geistigen Leib. Das Ich strömt in ihn hinein mit jeder Einatmung, und wieder heraus beim Ausatmen. Indem wir das Atmen regeln und an den verschiedenen Stellen unseres Körpers konzentrieren, versorgen wir unsern geistigen Leib mit den Kräften, die zu seinem Aufbau nötig sind. Mit der Stelle im Vorderkopf, hinter und etwas über der Nasenwurzel, steht das Ich selbst in direkter Verbindung; mit dem Kehlkopf das Denken, mit den Händen das Fühlen, mit den Füßen und überhaupt dem untern Körpergerüst das Wollen. Durchströmen wir mit Hilfe des geregelten Atmens unsern Körper mit diesen Kräften, so bauen wir an unserm geistigen Leib.

Im Geiste lag der Keim meines Leibes . . . (Siehe Seite 75)

Es werden dem Schüler im Laufe der inneren Entwickelung bestimmte Übungen gegeben, wodurch er seinen Geistesmenschen ausbilden soll. Atemübungen hat er vorzunehmen nach Angabe seines Lehrers. Diese Atemübungen sind dazu da, ihn zur Vergeistigung zu führen. In sich hat der Mensch ein Organ, welches, wenn er einatmet, sich mit Luft anfüllt, und wenn er ausatmet, wieder luftleer wird.

Beim Einatmen tritt die Luft in dieses Organ ein bis in die feinsten Verzweigungen hinein. Dieses Organ ist die Lunge. In der Luft lebt der Geist des Menschen. Wenn er einatmet, atmet er seinen Geist ein, und wenn er ausatmet, atmet er seinen Geist aus. Immer mehr entwickelt sich der Geist des Menschen. So ist also abwechselnd der Geist des Menschen in ihm oder draußen in der Welt. Durch Ein- und Ausatmen wird das Wachstum des Geistesmenschen gefördert.

Es kommt sehr darauf an, was der Mensch seinem Geiste beim Ausatmen mitgibt. Durch diese Gedanken wird sein Geist aufgebaut. Durch jeden Gedanken, den er dem Atem mitgibt, den er ausströmt, baut er seinen Geist auf. Nicht immer hatte der Mensch ein Organ, um die Luft einzuatmen. Gehen wir zurück auf den früheren Planeten, den Mond, so lebten dort Wesen, die nicht Luft, sondern Feuer einatmeten. Und so, wie der Mensch jetzt Sauerstoff einatmet und Kohlensäure ausatmet, so atmeten dort die Wesen Feuer ein und strömten Kälte aus.

Es wird auch eine Zeit kommen, wo die Menschen nicht mehr Luft einatmen und ausatmen. Gerade so, wie der Mensch sich auf der Erde selbst seine Wärme bereitet durch sein Wärmeorgan, das Herz mit dem Blutkreislauf, so wird er später innerlich selbst ein Luftorgan haben, welches den Organismus ebenso mit dem versorgt, was wir jetzt aus der Luft aufnehmen, wie das Wärmeorgan uns jetzt versorgt mit Wärme, die früher auf dem Monde von den Wesen aus der Umwelt aufgesogen und eingeatmet wurde. Die verbrauchte Luft werden in Zukunft die Menschen selbst verarbeiten können in ihrem Innern.

Wenn das erreicht ist, dann werden sie die Luft nicht mehr aus der Umgebung aufnehmen, sie werden dann nicht mehr in der Luft leben. Auf einer späteren Stufe, auf dem Jupiter, werden die Menschen im Lichte leben und Licht einatmen, wie sie jetzt Luft einatmen, und wie sie auf dem Monde Wärme eingeatmet haben.

Es wird auch auf dieser Erde einmal die Zeit kommen, wo der Mensch nur noch in seinem Geiste lebt, wo er seinen Körper nur als Werkzeug braucht; schon jetzt bahnt sich diese Zeit an. Wir leben zwar am fünften Tage der Menschheit, in der fünften Rasse und Entwickelungsperiode unserer Erde; aber in der Geisteswelt ist schon die Zeit der sechsten Morgenröte angebrochen. Da lebt die Menschheit schon in der Morgenröte des sechsten Tages.

Notizen von der esoterischen Stunde in Berlin
am 14. November 1906

DAS ERWACHEN DES MENSCHEN
ZUM SELBSTBEWUSSTSEIN

In diesen Betrachtungen sollen die Übungen näher erklärt werden, welche diejenigen zu machen haben, die sich in okkulter Schulung befinden. Wer diese Übungen noch nicht auszuführen hat, dem sollen die gegebenen Erklärungen eine Vorbereitung sein für die Zeit, wo auch er diese Übungen auszuführen haben wird. Die großen Meister der Weisheit und des Zusammenklangs der Empfindungen leiten uns bei unserem inneren Ringen um Erkenntnis. – Eine vielen bekannte Übung ist die, daß man sich zuerst konzentriert auf den Punkt an der Nasenwurzel zwischen den Augenbrauen im Innern des Kopfes, dann auf den Punkt im Innern des Kehlkopfes, dann auf den zur Linie auseinandergezogenen Punkt, der sich von den Schultern an in Armen und Händen erstreckt, und dem noch weiter auseinandergezogenen Punkt, der sich über die ganze Körperoberfläche hin ausdehnt. In der Geheimkunde spricht man von diesen Linien und Flächen auch als Punkt. Diese Übung wollen wir nun besser verstehen lernen.

Dazu müssen wir in Gedanken weit zurückgehen und uns in die lemurische Zeit versetzen. Da sah es auf der Erde noch ganz anders aus. Was jetzt feste Felsen sind, flutete dahin wie Wasser. Luft im heutigen Sinne war noch nicht vorhanden, in heiße Dämpfe war die ganze Erde eingehüllt. Viele Metalle, die heute fest sind, waren in Dampfform da, oder sie rannen dahin wie Wasser; die Dampfatmosphäre war durchzogen von Ätherströmungen wie heute von Luftströmungen. Auf dieser Erde lebte schon der Mensch. Aber er war eine Art Fisch-Vogeltier, das sich schwebend, schwimmend fortbewegte. Damals nun trat ein wichtiges Ereignis ein im menschlichen Werden dadurch, daß der Mensch eine Haut bildete und sich so von der übrigen Welt abschloß als ein selbständiges Wesen. Bisher war der Mensch nicht getrennt gewesen von der Umgebung, sondern die Strömungen der ganzen Welt waren in ihn hineingedrungen; nun aber schloß er sich ab durch die Haut. Dies Abschließen war bewirkt durch eine ganz bestimmte Ätherströmung. Nach einer gewissen Zeit trat ein weiteres bedeutsames Ereignis ein. Der Mensch richtete sich auf und gab damit seinem ganzen Streben und Handeln eine bestimmte Richtung. Vorher war der Körper des Menschen so gerichtet gewesen wie beim heutigen Tier. Jetzt erst konnte der Mensch seine vorderen Gliedmaßen, seine Arme und Hände so ausgestalten, wie sie heute sind, das heißt zur Arbeit im eigentlichen Sinne. Jetzt erst begann der Mensch selbständig zu arbeiten, jetzt erst konnte er individuelles Karma entwickeln. Kein Tier kann das. Nur ein Wesen mit aufrechtem Gang schafft eigenes Karma. Eine zweite besondere Ätherströmung hat diese Umwandlung bewirkt. – Eine dritte Ätherströmung hatte eine dritte wichtige Umwandlung zur Folge. Jetzt erst, als der Mensch einen aufrechten Gang entwickelte, konnten sich Lungen bilden wie sie nur der Mensch hat, und damit verbunden bildete sich aus zarten Äthersubstanzen der Kehlkopf. Nun konnte sich allmählich die menschliche Sprache entwickeln. – Durch eine vierte Ätherströmung bildete sich das Organ zwischen den Augenbrauen an der Nasenwurzel und dadurch erst erwachte der Mensch zum Selbstbewußtsein: zum Selbstbewußtsein, vorher hatte er nur Selbstgefühl besessen.

Wenn man nun seine Aufmerksamkeit fest und energisch immer nur auf einen der vier Punkte richtet, also auf die Nasenwurzel, oder auf den Kehlkopf, oder auf Hände und Arme, oder auf die ganze Körperoberfläche, und diese Übung mit einem ganz bestimmten Worte verbindet, das nur von Mund zu Mund, vom Lehrer zum Schüler mitgeteilt wird, so tritt man in Verbindung mit der betreffenden Ätherströmung, die die Umwandlung am menschlichen Leibe hervorrief. Darin besteht ja vor allem die okkulte Schulung, daß wir uns der Vorgänge, die unbewußt an unserem Körper arbeiten, bewußt werden. Wir sollen in bewußten Zusammenhang treten mit den Kräften des Kosmos.

Wenn man seine Hände so kreuzt, daß die rechte Hand über der linken liegt und sich auf die so zusammengelegten Hände konzentriert in Verbindung mit einem ganz bestimmten Wort, so wird man, vorausgesetzt, daß die Übung oft genug mit größter Energie und Ausdauer gemacht wird, bald bemerken, daß die beiden Hände auseinanderstreben und daß sich die Arme ganz von selbst ausbreiten. Es ist die Stellung der mittelalterlichen Heiligen. Auch diese Übung hat ihre bestimmte Bedeutung. Es zirkulieren immer Ätherströmungen aus dem Kosmos durch den menschlichen Körper. Ein solcher Strom tritt durch den Kopf ein, zieht von da in den rechten Fuß, dann in die linke Hand, dann in die rechte Hand, dann in den linken Fuß und von da zurück zum Kopf. Denken wir uns den Menschen in der eben beschriebenen Stellung stehend mit ausgebreiteten Armen, so hat die Strömung die Form des Pentagramms. Schlimm wäre es für den Menschen, wenn die Strömung nicht durch den Kopf in ihn eintreten würde, sondern durch die Füße. Durch die Füße ziehen alle schlechten Einflüsse in den menschlichen Leib. Die schwarzen Magier nützen dies aus. – Aber dieser Strom zirkuliert nicht nur dann in dem Menschen, wenn er sich in dieser besonderen Stellung befindet, sondern immer, auch wenn die Hände zusammengelegt sind oder ein Bein gekrümmt ist. Es gibt fünf verschiedene Ätherschwingungen durch den menschlichen Körper. Eine davon zirkuliert auch in der festen Substanz und heißt daher, weil sie auch die feste Erde durchdringen kann, «erdig».

Diese fünf Strömungen zirkulieren ständig im Menschen und bringen ihn in Verbindung mit dem gesamten Kosmos.

Aus dem Geiste ist des Menschen Wesenheit gewoben, aus dem Geiste sind wir geboren, hinabgestiegen in die Materie und strömen wieder zurück zum Geist. Die Strömungen, die bei unserem Herniedersteigen in die Materie an uns tätig waren, die sollen uns nun bewußt werden. Wir gehen denselben Weg zurück, den wir gekommen sind, aber bewußt. Eine andere wahre Entwickelung gibt es nicht. Was wir durch diese Übungen jetzt schon in uns entfachen, das wird die allgemeine Menschheit erst in der sechsten Wurzelrasse entwickeln. Eine

Wurzelrasse heißt in der Geheimwissenschaft ein Schöpfungstag. Wir sind daran, den sechsten Schöpfungstag vorzubereiten, wir sind in der Morgenröte des sechsten Schöpfungstages. Das Herabsteigen aus dem Geist, das Leben in der Materie und die Rückkehr zum Geist, wird in drei Buchstaben dargestellt

AUM...

DIE GRUNDLAGEN FÜR EINE ESOTERISCHE SCHULUNG

Wir müssen uns einmal klar darüber werden, welches eigentlich die Grundlagen für eine esoterische Schulung sind, und was eigentlich ihr Wesen ist. Die Schule, der wir angehören, ist so organisiert, daß darin verschiedene Kreise sind. Alle diejenigen, die neu hinzukommen, sind die «Suchenden». Wer dann weiter vorrückt, gehört zu den «Übenden». Und daran schließt sich an die eigentliche «Schulung». In diese drei Kreise zerfällt unsere Schule. Wir alle sind in die Esoterische Schule eingetreten, um gewisse Organe im Innern zu entwickeln, die uns fähig machen, die höheren Welten selbst zu erleben. Wie enwickelt man überhaupt Organe in sich? Alle unsere Organe sind entstanden durch eine frühere Tätigkeit von uns. Wir wollen uns das an einem Beispiel veranschaulichen: Es gab eine Zeit, wo wir alle noch keine Augen hatten. Damals bewegte sich der Mensch schwebend-schwimmend in einem wässerigen Urmeere. Da hatte er, um sich zu orientieren, ein Organ, das heute nur noch als Rudiment vorhanden ist. Es ist dies die sogenannte Zirbeldrüse. Sie liegt oben auf der Mitte des Kopfes, etwas nach innen gestülpt. Bei manchen Tieren kann man sie sehen, wenn man die Schädeldecke abhebt. Mit diesem Organ konnte der Mensch der Vorzeit wahrnehmen, ob er sich einem nützlichen oder schädlichen Dinge näherte. Vor allem aber war es ein Organ zur Wahrnehmung von Wärme oder Kälte. Wenn damals die Sonne auf die Erde herabschien, so konnte der Mensch sie zwar nicht sehen, aber die Zirbeldrüse zog ihn hin zu den Stellen des wässerigen Meeres, wo die Sonne das Wasser erwärmte. Und diese Wärme gab ihm ein Gefühl großer Seligkeit. An solchen Stellen des Wassers verweilte der Mensch lange und kam weit an die Oberfläche, so daß die Sonnenstrahlen ihn treffen konnten. Und dadurch, daß die Sonnenstrahlen direkt auf seinen Körper fielen, wurden unsere heutigen Augen gebildet. Zweierlei war also nötig, damit Augen entstehen konnten: Einmal mußte die Sonne herabscheinen, andererseits aber mußten die Menschen auch herzuschwimmen zu den von der Sonne erwärmten Stellen und sich der Sonne aussetzen. Hätten die damaligen Menschen das nicht getan, sondern sich gesagt: Ich will nur das entwickeln, was schon in mir liegt –, so hätten sie zwar eine immer größere Zirbeldrüse entwickeln können, ein Scheusal von einem Organ, aber Augen hätten sie nie bekommen.

Geradeso müssen wir es uns denken bei der Entwickelung geistiger Augen. Man muß nicht sagen: Die höheren Welten liegen schon in mir, ich muß sie nur herausentwickeln. – Jene Menschen konnten auch nicht die Sonne aus sich herausentwickeln, aber wohl die Organe, um sie zu sehen. So können auch wir nur die Organe ausbilden, um die geistige Sonne, die höheren Welten zu sehen, sie aber nicht aus uns herausentwickeln. Und niemals können wir uns die Organe entwickeln, wenn uns nicht einerseits die geistige Sonne bescheint und andererseits wir uns nicht beeilen, uns ihr auszusetzen, damit sie uns bescheinen kann. Die Stellen, wo für uns die geistige Sonne scheint, das sind die esoterischen Schulen, und alle diejenigen, die es in die esoterischen Schulen treibt, werden von ihren Strahlen getroffen, wenn sie sich dementsprechend verhalten nach den Anweisungen der Schule.

Jedes Organ, das eine Vergangenheit hatte, wird auch eine Zukunft haben. Auch die Zirbeldrüse wird in der Zukunft wieder ein wichtiges Organ. Und diejenigen, die in den esoterischen Schulen sind, arbeiten jetzt schon an ihrer Ausbildung. Die Übungen, die wir erhalten, wirken nicht nur auf den Astral- und Ätherleib, sondern auch auf die Zirbeldrüse. Und wenn die Wirkung sehr eingreifend wird, so geht sie von der Zirbeldrüse aus in die Lymphgefäße und von da ins Blut. Aber nicht nur diejenigen, die jetzt okkulte Übungen machen, werden in Zukunft eine ausgebildete Zirbeldrüse haben, sondern alle Menschen. Und bei den Menschen, die die böse Rasse ausmachen werden, wird sie ein Organ für die schlimmsten und schrecklichsten Impulse sein und so groß sein, daß sie den größten Teil des Leibes ausmacht. Wie man viele Mücken aus der Entfernung als Mückenschwarm sieht, so würde man dann, da so viele drüsenartige Menschenkörper auf der Erde herumwandeln werden, die Erde selbst als eine große Drüse vom Weltenraum aus schauen können. Bei denjenigen aber, die ihre Zirbeldrüse in richtiger Weise ausbilden, wird sie ein sehr edles und vollkommenes Organ sein.

Nun wollen wir die Übungen, die uns gegeben sind, näher betrachten und dabei eingedenk sein, daß diese Übungen es sind, die unsere Seelen empfänglich machen für die geistigen Sonnenstrahlen.

Gewissermaßen als Vorbereitung für die eigentlichen okkulten Übungen dienen die sechs Nebenübungen. Wer sich ihnen mit dem rechten Ernst und Eifer hingibt, in dem erzeugen sie diejenige Grundverfassung der Seele, die nötig ist, um die rechte Frucht von den okkulten Übungen zu haben.

1. *Gedankenkontrolle:* Wenigstens fünf Minuten soll man sich täglich freimachen und über einen möglichst unbedeutenden Gedanken, der einen von vornherein gar nicht interessiert, nachdenken, indem man logisch alles aneinanderknüpft, was sich über den Gegenstand denken läßt. Es ist wichtig, daß es ein unbedeutender Gegenstand sei, denn gerade der Zwang, den man sich dann antun muß, um lange bei ihm zu verharren, ist es, der die schlummernden Fähigkeiten der Seele weckt. Nach einiger Zeit bemerkt man dann in der Seele ein Gefühl von Festigkeit und Sicherheit. Nun muß man sich aber nicht vorstellen, daß dies Gefühl einen ganz heftig überrumpele. Nein, es ist dies ein ganz feines, subtiles Gefühl, das man erlauschen muß. Diejenigen, die behaupten, sie könnten absolut dies Gefühl nicht in sich verspüren, gleichen zumeist denen, die ausgehen, um unter vielen anderen Gegenständen einen ganz kleinen, feinen Gegenstand zu suchen. Sie suchen zwar, aber nur so obenhin, und da können sie den kleinen Gegenstand nicht finden, sondern übersehen ihn. Ganz still in sich hineinlauschen muß man, dann empfindet man dies Gefühl, und zwar tritt es hauptsächlich im vorderen Teil des Kopfes auf. Hat man es dort verspürt,

so gießt man es in Gedanken ins Gehirn und ins Rückenmark. Allmählich meint man dann, es gingen Strahlen aus vom Vorderkopfe bis ins Rückenmark hinein.

2. Initiative des Handelns: Dazu muß man sich eine Handlung wählen, die man sich *selbst* ausdenkt. Wer zum Beispiel als Tätigkeitsübung das Begießen einer Blume nahm, wie es in der Vorschrift als Beispiel steht, der tut etwas ganz Zweckloses. Denn die Handlung soll aus eigener Initiative entspringen, also muß man sie sich selbst ausgedacht haben. Dann macht sich bei dieser Übung bald ein Gefühl bemerkbar, etwa wie: «Ich kann etwas leisten», «ich bin zu mehr tüchtig als früher», «ich fühle Tätigkeitsdrang». Eigentlich im ganzen oberen Teil des Körpers fühlt man das. Man versucht dann, dies Gefühl zum Herzen fließen zu lassen.

3. Erhabensein über Lust und Leid: Es wandelt einen zum Beispiel einmal das Weinen an. Dann ist es Zeit, diese Übung zu machen. Man zwingt sich mit aller Gewalt, jetzt einmal nicht zu weinen. Dasselbe gilt auch vom Lachen. Man versuche einmal, wenn einen das Lachen ankommt, nicht zu lachen, sondern ruhig zu bleiben. Das soll nicht heißen, daß man nun nicht mehr lachen solle, aber man muß sich in der Hand haben, Herr werden über Lachen und Weinen. Und hat man sich ein paarmal überwunden, so verspürt man bald auch ein Gefühl von Ruhe und Gleichmut. Dies Gefühl läßt man durch den ganzen Körper fließen, indem man es vom Herzen aus zuerst in Arme und Hände gießt, damit es durch die Hände in die Taten ausstrahle. Dann läßt man es zu den Füßen strömen und zuletzt nach dem Kopfe. Diese Übung verlangt eine ernstliche Selbstbeobachtung, die man mindestens eine Viertelstunde am Tag durchführen soll.

4. Positivität: Man soll in allem Schlechten das Körnchen Gute, in allem Häßlichen das Schöne, und auch noch in jedem Verbrecher das Fünkchen Göttlichkeit zu finden wissen. Dann bekommt man das Gefühl, als dehne man sich über seine Haut hinaus aus. Es ist ein ähnliches Gefühl des Größerwerdens, wie es der Ätherleib nach dem Tode hat. Verspürt man dies Gefühl, so lasse man es von sich ausstrahlen durch Augen, Ohren und die ganze Haut, hauptsächlich durch die Augen.

5. *Unbefangenheit:* Man soll sich beweglich halten, immer fähig sein, noch Neues aufzunehmen. Wenn uns jemand etwas erzählt, was wir für unwahrscheinlich halten, muß doch immer in unserem Herzen ein Winkelchen bleiben, wo wir uns sagen: er könnte doch Recht haben. – Dies braucht uns nicht kritiklos zu machen, wir können ja nachprüfen. Es überkommt uns dann ein Gefühl, als ströme von außen etwas auf uns ein. Das saugen wir ein durch Augen, Ohren und die ganze Haut.

6. *Gleichgewicht:* Die fünf vorhergehenden Empfindungen sollen nun in Harmonie gebracht werden, indem man auf alle gleichmäßig viel achtet.

Diese Übungen brauchen nicht gerade je einen Monat gemacht zu werden. Es mußte eben überhaupt eine Zeit angegeben werden. Es kommt vor allem darauf an, daß man die Übungen gerade in dieser Reihenfolge macht. Wer die zweite Übung vor der ersten macht, der hat gar keinen Nutzen davon. Denn gerade auf die Reihenfolge kommt es an. Manche meinen sogar, mit der sechsten Übung, mit der Harmonisierung, anfangen zu müssen. Aber harmonisiert sich etwas, wenn nichts da ist? Wer die Übungen nicht in der rechten Reihenfolge machen will, dem nützen sie gar nichts. Wie wenn einer über einen Steg sechs Schritte machen muß und den sechsten Schritt zuerst machen will, so unsinnig ist es, mit der sechsten Übung beginnen zu wollen.

Dann haben die meisten von uns eine *Morgenmeditation* bekommen. Man soll das früh am Morgen machen zu einer Stunde, die man sich selbst festsetzt, und die man so streng als möglich einhält. Man vertieft sich dabei zuerst in sieben Zeilen. Bei einigen von uns lauten sie folgendermaßen:

In den reinen Strahlen des Lichtes
Erglänzt die Gottheit der Welt!
In der reinen Liebe zu allen Wesen
Erstrahlt die Göttlichkeit meiner Seele.
Ich ruhe in der Gottheit der Welt.
Ich werde mich selbst finden
In der Gottheit der Welt!

Man soll nun bei der Meditation nicht spekulieren über diese sieben Zeilen, sondern ganz darin leben. Recht bildhaft soll man sie sich vorstellen. Also:

In den reinen Strahlen des Lichtes

da fühlt man sich umflossen von den Strahlenfluten des Lichtes, die von allen Seiten auf einen eindringen, man sieht ihren Glanz so deutlich als man es nur vermag.

Erglänzt die Gottheit der Welt

man stellt sich vor, daß Gott es ist, der in diesen Strahlen auf einen einströmt, man sucht ihn zu fühlen und in sich aufzunehmen.

In der reinen Liebe zu allen Wesen
Erstrahlt die Göttlichkeit meiner Seele

man stellt sich vor, wie man die göttlichen Strahlen, die man aufgenommen hat, zur Beglückung aller Wesen wieder ausstrahlen läßt.

Die Schlußzeilen sollen die Vorstellung und Empfindung erwecken, daß man ganz eingebettet sei in die Strahlen der Gottheit, und daß man in ihnen sich selbst finde. Wer sich das besonders bildhaft vorstellen will, kann sich schließlich auch einen Baum vorstellen, den er liebgewonnen hat und zu dem er gern zurückkehrt.

Nach diesen sieben Zeilen ist uns ein Wort oder ein Satz gegeben zur Versenkung. Diese Konzentration auf einen Satz oder ein Wort, zum Beispiel «Stärke», ist sehr wichtig. Es ist das eine Art Losungswort, ein Kraftwort, das genau der Seelenverfassung jedes Einzelnen angepaßt ist. Dies Wort soll man in der Seele erklingen lassen so etwa, wie man eine Stimmgabel anschlägt. Und wie man auf das Verklingen der Stimmgabel horcht, so soll man nach der Versenkung in das Wort es auch still verklingen lassen in der Seele, sich dem hingeben, was in der Seele durch dies Wort bewirkt wurde.

Zum Schluß versenkt man sich noch fünf Minuten in sein eigenes göttliches Ideal. Welcher Art das Ideal ist, kommt nicht in Betracht, es handelt sich nur um die Erzeugung der richtigen Seelenstimmung. Ob man dabei an den Meister oder an den Sternenhimmel denkt, ist einerlei. Es sind schon Atheisten gekommen, die meinten, sie hätten gar kein göttliches Ideal. Aber sie konnten auf den Sternenhimmel verwiesen werden, der doch jedem ein Gefühl der Ehrfurcht und Devotion abnötigt.

Wer einmal mit diesen Übungen begonnen hat, der sollte doch dabei bleiben und nicht, wenn es ihm gerade nicht paßt, aussetzen. Der Astral- und der Ätherleib gewöhnen sich bald an diese Übungen, und wenn sie sie nicht bekommen, so revoltieren sie. Eine Unterbrechung oder gar ein völliges Aufhören ist unter allen Umständen sehr gefährlich.

Wichtig ist auch die *abendliche Rückschau*. Sie muß von rückwärts nach vorwärts vollzogen werden, da wir uns gewöhnen sollen an die Wahrnehmungsart des Astralplanes. Man muß sich bei der Rückschau alles möglichst bildhaft vorstellen. Anfangs kann man freilich, wenn man achtzig bedeutende Erlebnisse hatte, sie nicht alle achtzig bildhaft vor die Seele rufen. Da muß man eben eine weise Auswahl treffen, bis schließlich das ganze Tagesleben wie ein Tableau sich vor einem abrollt. Wieder kommt es da vielmehr auf die kleinen unbedeutenden Handlungen an, denn gerade die Anstrengung ist es, die die Kräfte der Seele weckt.

Kurze Notizen von der esoterischen Stunde
in Berlin, am 9. Oktober 1907

DIE BEDEUTUNG DES JAHRES 1879
BESPRECHUNG EINER MEDITATIONSFORMEL

Alles, was in einer esoterischen Stunde ausgesprochen wird, wird uns unmittelbar von den Meistern zugeführt, und derjenige, der es ausspricht, ist nur ein Werkzeug ihrer Absichten.

Der Unterschied zwischen einer exoterischen und einer esoterischen Stunde besteht darin, daß dort Lehren, Kenntnisse aufgenommen werden; hier wird etwas *erlebt*. Die Meister sprechen fortwährend zu den Menschen; nur die Vorbereiteten, diejenigen, deren Seele geöffnet ist, so daß die Meister den Eingang zu ihnen finden, können ihre Stimme vernehmen. – Die esoterische Arbeit ist von größter Bedeutung für die Welten-Entwickelung, – doch auch für den in einfachster sozialer Stellung stehenden Menschen.

Das Jahr 1879 ist eine wichtigste Epoche in der Menschheitsentwikkelung durch ein Ereignis, das auf dem astralen Plane stattfand: seitdem hat unsere Kultur eine andere Richtung genommen.

1250 fing eine geistige Strömung an, die ihren Höhepunkt 1459 erreichte: als Christian Rosenkreutz zum Ritter des rosigen Kreuzes erhoben wurde. Dann fing (1510) jenes Zeitalter an, das man im Okkultismus das Zeitalter des *Gabriel* nennt. 1879 begann dasjenige des *Michael;* das nächstfolgende wird das Zeitalter des *Oriphiel* genannt. Da werden große Kämpfe unter den Menschen wüten; deswegen wird jetzt ein kleines Häuflein vorbereitet, das dazu bestimmt ist, in jenem düsteren Zeitalter die Fackel der spirituellen Erkenntnis leuchten zu lassen.*

---

* Siehe Hinweis Seite 171.

Besprechung der Meditationsformel: «In den reinen Strahlen des Lichtes». – Imaginatives Vorstellen der einzelnen Strophen:

In den reinen Strahlen des Lichtes
Erglänzt die Gottheit der Welt

Da ergießt sich die Gottheit wie ein silbernes, glänzendes Mondlicht über die Außenwelt: wir fühlen uns wie durchströmt und umflossen von diesem Licht.

In der reinen Liebe zu allen Wesen
Erstrahlt die Göttlichkeit meiner Seele

Nach dem Aufgehen in der Umwelt, wo wir die Gottheit zu erkennen suchten, versenken wir uns in unser eigenes Innere, und durch die Liebe, die uns mit allen Wesen verbindet, finden wir den Zusammenhang mit der Gottheit und fühlen die Göttlichkeit unserer eigenen Seele.

Ich ruhe in der Gottheit der Welt

Das Wort *Ruhe* hat eine magische Kraft: derjenige, dem es gelingt, sich in ihm zu konzentrieren und es auf sich wirken zu lassen, der fühlt, wie wenn er ganz durchrieselt wäre von einem Gefühl der Ruhe und des Friedens. Indem wir in uns den Zusammenhang mit der Gottheit fühlen, finden wir in unserm Innern diese Ruhe und diesen Frieden: Ruhe umwogt uns, dringt in uns ein.

Ich werde mich selbst finden
In der Gottheit der Welt.

Und nun entsteht in uns die Vorstellung wie von einem Leuchtpunkt, einem glänzenden Funken, der von der Ferne uns entgegenschimmert und dem wir zustreben – und worin wir uns finden werden in dem Schoße der Gottheit.

Notizen von der esoterischen Stunde in München
am 16. Januar 1908

ÜBER DEN ATMUNGSPROZESS

Handelte es sich in unserer letzten esoterischen Stunde um die großen Gesetzmäßigkeiten des geistigen Lebens, wie sie sich im Laufe der Menschheitsentwickelung offenbaren, handelte es sich um die großen geistigen Mächte, die alles, was auf dem physischen Plane geschieht, leiten, und die sich gegenseitig in ihrer Wirksamkeit ablösen, so wollen wir heute in einer etwas intimeren Weise von den Gesetzen des geistigen Lebens sprechen, wie es sich im Innern des Menschen selbst abspielt.

Derjenige, der in einer okkulten Schulung steht, ist in gewissem Sinne ein Wartender, ein Suchender. Er wartet darauf, daß sich ihm eines Tages eine neue Welt enthülle außer derjenigen, die er sonst wahrgenommen hat. Er wartet darauf, daß er sich eines Tages sagen könne: Ich sehe eine neue Welt; zwischen allen Dingen, die ich bisher im Raume wahrnehmen konnte, sehe ich eine Fülle von geistigen Wesenheiten, die mir vorher verborgen waren. – Um Euch das ganz klar werden zu lassen, müßt Ihr Euch die sieben Bewußtseinszustände, die der Mensch im Laufe seiner Entwickelung durchläuft, noch einmal vor die Seele rufen. Der erste Bewußtseinszustand, den der Mensch durchmachte, war ein dumpfer, dämmeriger Grad des Bewußtseins, in dem sich der Mensch eins fühlte mit dem Kosmos; Saturndasein nennen wir diesen Zustand. Im Sonnendasein nahm der Umfang des Bewußtseins ab, aber es wurde dafür um so heller. Als dann der Mensch das Mondendasein durchlebte, war sein Bewußtsein ähnlich dem, was wir als letzten Rest in unseren Träumen erleben, es war ein dumpfes Bilderbewußtsein. Hier auf Erden haben wir das helle Tagesbewußtsein, welches bleiben wird, wenn der Mensch sich auf dem Jupiter wieder zum Bilderbewußtsein erhebt, so daß wir dann dort ein helles Bilderbewußtsein haben. Noch zu zwei höheren Zuständen, dem inspirierten

112

und intuitiven Bewußtseinszustand, wird sich der Mensch dann noch weiterhin erheben. So steht also unser helles Tagesbewußtsein mitten zwischen dem dumpfen Bilderbewußtsein des Mondes und dem hellen Bilderbewußtsein des Jupiter. Und das, worauf der Esoteriker wartet, daß es sich ihm eines Tages enthülle, ist das Jupiterbewußtsein. Es wird an jeden von Euch einmal herankommen, beim einen früher, beim andern später, das hängt von seinen Fähigkeiten, vom Grade der inneren Reife ab.

Nun ist aber das Jupiterbewußtsein in seinen ersten Keimen schon vorhanden bei einem jeden Menschen. In ganz zarter Weise ist das zukünftige Bewußtsein schon angedeutet, der Mensch vermag es sich nur nicht zu deuten. Darin besteht eben das esoterische Leben zu einem großen Teile, daß der Schüler lernt, die subtilen Vorgänge in sich selbst und in seiner Umgebung richtig zu deuten. Auch das alte Mondenbewußtsein ist noch nicht ganz verschwunden, sondern in seinen letzten Rudimenten noch da. Die zwei Zustände beim heutigen Menschen, in denen im einen noch das alte Mondenbewußtsein, im andern schon das neue Jupiterbewußtsein da ist, sind das Schamgefühl und das Angstgefühl. Im Schamgefühl, wo das Blut nach der Peripherie des Körpers gedrängt wird, lebt noch ein letzter Rest des Mondenbewußtseins, und im Angstgefühl, wo das Blut nach dem Herzen strömt, um dort einen festen Mittelpunkt zu finden, kündigt sich an das Jupiterbewußtsein. So schlägt also normales Tagesbewußtsein nach zwei Seiten aus.

Wenn wir über irgend etwas Scham empfinden, und uns die Schamröte ins Gesicht steigt, so erleben wir etwas, was an das Mondendasein erinnert. Stellt Euch einen Mondenmenschen vor. Er konnte noch nicht «Ich» zu sich sagen, sondern lebte in einem dumpfen, dämmernden Bilderbewußtsein, ganz eingebettet in astralische Kräfte und Wesenheiten, mit denen er sich eins und in Harmonie fühlte. Denkt Euch einmal, meine Schwestern und Brüder, bei einem solchen Mondenmenschen sei eines Tages plötzlich das Gefühl heraufgedämmert: Ich bin ein «Ich». Ich bin verschieden von den andern, bin ein selbständiges

Wesen, und alle die andern Wesen in meiner Umgebung schauen mich an. – Da hätte den ganzen Mondenmenschen von oben bis unten durchglüht ein ganz ungeheures Schamgefühl, er hätte zu verschwinden, unterzugehen versucht vor Scham, wenn er ein solch verfrühtes Ich-Gefühl hätte fühlen können. So möchten auch wir, meine Schwestern und Brüder, wenn uns ein Schamgefühl ankommt, am liebsten verschwinden, gleichsam versinken unter den Boden, unsere Ichheit auflösen. Stellt Euch vor, wie der alte Mondenmensch eingebettet war in die Harmonie mit den Kräften und Wesenheiten seiner Umgebung. Wenn sich ihm ein feindliches Wesen nahte, so überlegte er nicht, sondern er wußte instinktiv, wie er ihm ausweichen müßte. Er handelte da in einem Gefühle, das er, wenn er bewußt gewesen wäre, etwa folgendermaßen hätte ausdrücken können: Ich weiß, daß die Gesetzmäßigkeit der Welt nicht so eingerichtet ist, daß mich dieses wilde Tier nun zerreißen wird, sondern die Harmonie der Welt ist so, daß es Mittel geben muß, die mich vor meinem Feinde schützen. – So ganz unmittelbar in Harmonie mit den Kräften des Alls fühlte sich der alte Mondenmensch. Und wäre ein Ich-Gefühl in ihm erwacht, so hätte das sofort diese Harmonie gestört. Und das Ich-Gefühl hat tatsächlich, als es anfing, den Menschen auf Erden zu durchdringen, ihn mehr und mehr in Disharmonie gebracht mit seiner Umgebung. Der Hellhörer hört das All erklingen in einer gewaltigen Harmonie, und wenn er damit vergleicht die Töne, die aus den einzelnen Menschen zu ihm dringen, so gibt das heute bei allen Menschen einen Mißklang, beim einen mehr, beim andern weniger, aber ein Mißklang ist es. Und Eure Aufgabe ist es, im Laufe Eurer Entwickelung diesen Mißklang immer mehr in Harmonie aufzulösen. Durch die Ichheit ist dieser Mißklang entstanden, aber weise ward er eingerichtet von den geistigen Mächten, die das Weltall beherrschen und leiten. Wären die Menschen immer in der Harmonie geblieben, so wären sie nie zur Selbständigkeit gekommen. Der Mißklang ward eingesetzt, damit der Mensch frei, aus eigener Kraft sich die Harmonie wieder erringen könne. Das selbstbewußte Ich-Gefühl mußte sich also zunächst auf Kosten der inneren Harmonie entwickeln. Ist dann die Zeit gekommen, wo das Jupiterbewußtsein aufleuchtet, und der Mensch wieder in harmonischen Zusammenhang kommt mit den Kräften des Kosmos, dann wird er sein selbstbewußtes Ich-Gefühl mit hinüberretten in den neuen Bewußtseinszustand, so daß der Mensch dann ein selbständiges Ich und doch in Harmonie mit dem All sein wird.

Wir haben nun gesehen, daß sich im Angstgefühl schon das neue Jupiterbewußtsein ankündigt. Aber immer, wenn ein zukünftiger Zustand vor der Zeit aufzutreten beginnt, so ist er verfrüht und nicht recht am Platze. Das wird Euch an einem Beispiel klar werden. Wenn man eine Blume, die ihrer Art nach im August blühen sollte, in einem Treibhaus schon im Mai zur Blüte bringt, so wird sie dann im August, wenn ihre eigentliche Blütezeit gekommen ist, keine Blüte mehr entfalten können; ihre Kräfte werden erschöpft sein und sie wird in die Verhältnisse, in die sie dann kommen sollte, nicht mehr hineinpassen. Und auch im Mai wird sie, sobald man sie aus dem Gewächshause nimmt, zu Grunde gehen müssen, weil sie eben in die natürlichen Verhältnisse dieser Jahreszeit nicht paßt. Geradeso ist es mit dem Angstgefühl. Es ist auch heute nicht am Platze und noch viel weniger in der Zukunft. Was geschieht beim Angstgefühl? Das Blut wird ins Zentrum des Menschen, ins Herz gepreßt, um dort einen festen Mittelpunkt zu bilden, um den Menschen stark zu machen gegen die Außenwelt. Die innerste Kraft des Ich ist es, die das bewirkt. Diese Kraft des Ich, die auf das Blut wirkt, die muß immer bewußter und kräftiger werden und auf dem Jupiter wird der Mensch dann ganz bewußt sein Blut nach dem Mittelpunkt leiten und sich stark machen können. Das Unnatürliche und Schädliche daran ist aber heute das Gefühl der Angst, das mit dieser Blutströmung verbunden ist. Das darf in Zukunft nicht mehr sein, nur die Kräfte des Ich, ohne Angst, müssen da wirken.

Immer feindlicher stellt sich im Laufe der menschlichen Entwickelung die Außenwelt um uns. Immer mehr müßt Ihr lernen, Eure innere Kraft der herandrängenden Außenwelt entgegenzustellen. Aber die Angst muß dabei verschwinden. Und ganz besonders für den, der eine esoterische Schulung durchmacht, ist es nötig, unumgänglich nötig, daß er sich freimache von allen Angst- und Furchtgefühlen. Nur da hat die Angst eine gewisse Berechtigung, wo sie uns aufmerksam macht, daß wir uns stark machen sollen, aber alle unnatürlichen Angstgefühle, die den Menschen quälen, müssen ganz und gar verschwinden. Was sollte geschehen, wenn der Mensch noch Angst- und Furchtgefühle hat und das Jupiterbewußtsein stellt sich ein? Dort wird die Außenwelt sich dem Menschen viel, viel feindlicher und schrecklicher gegenüberstellen als heute. Ein Mensch, der hier nicht die Angst sich abgewöhnt, wird dort von einem schreckensvollen Entsetzen ins andere fallen.

Schon jetzt bereitet sich immer mehr dieser Zustand in der Außenwelt vor. Und deutlicher noch wird das sich dem Menschen zeigen in jener schrecklichen Zeit, die hereinbrechen wird unter der Herrschaft des Oriphiel, von dem ich Euch das letztemal gesprochen habe. Da muß der Mensch gelernt haben, festzustehen! Unsere heutige Kultur schafft selbst jene entsetzlichen Ungeheuer, die den Menschen auf dem Jupiter bedrohen werden. Schaut Euch die riesenhaften Maschinen an, welche die menschliche Technik heute mit allem Scharfsinn konstruiert! In ihnen schafft sich der Mensch die Dämonen, die in Zukunft gegen ihn wüten werden. Alles, was der Mensch heute an technischen Apparaten und Maschinen sich erbaut, wird in Zukunft Leben gewinnen und sich dem Menschen in furchtbarer Weise feindlich entgegenstellen. Alles, was aus reinem Nützlichkeitsprinzip, aus Einzel- oder Gesamtegoismus heraus geschaffen wird, ist in Zukunft des Menschen Feind. Wir fragen heute viel zu viel nach dem Nutzen dessen, was wir tun. Wenn wir die Entwickelung wirklich fördern wollen, so dürfen wir nicht nach dem Nutzen fragen, sondern vielmehr danach, ob etwas schön und edel ist. Wir sollen nicht nur aus dem Nützlichkeitsprinzip heraus handeln, sondern aus reiner Freude am Schönen. Alles, was der Mensch heute schafft, um sein künstlerisches Bedürfnis zu befriedigen, aus reiner Liebe am Schönen, auch das wird sich in Zukunft beleben und es wird zur Höherentwickelung des Menschen beitragen. Aber furchtbar ist es, heute sehen zu müssen, wie viele Tausende von Menschen schon von der frühesten Kindheit an dazu angehalten werden, keine andere Tätigkeit zu kennen als die um des materiellen Nutzens willen, abgeschnitten zu sein zeitlebens von allem Schönen und Künstlerischen. In den ärmsten Volksschulen sollten die herrlichsten Kunstwerke hängen, das würde unendlichen Segen bringen in der menschlichen Entwickelung. Der Mensch baut sich selbst seine Zukunft. Man kann einen Begriff davon bekommen, wie es etwa auf dem Jupiter sein wird, wenn man sich klar macht, daß es heute nichts absolut Gutes und nichts absolut Böses gibt. In jedem Menschen ist heute das Gute und das Böse gemischt. Der Gute muß sich immer sagen, daß er nur ein wenig mehr Gutes als der Böse in sich hat, aber durchaus nicht gut an sich ist. Auf dem Jupiter wird aber Gut und Böse nicht mehr vermischt sein, sondern die Menschen werden sich spalten in ganz Gute und ganz Böse. Und alles, was wir heute an Schönem und Edlem pflegen, dient zur Verstärkung des Guten auf dem Jupiter, und alles, was nur vom Gesichtspunkte des Egoismus und der Nützlichkeit geschieht, verstärkt das Böse.

Damit der Mensch den bösen Mächten der Zukunft gegenüber ganz gewachsen sei, muß er die innerste Kraft seines Ich in die Hand bekommen, er muß das Blut bewußt so regulieren können, daß es ihn stark mache dem Bösen gegenüber, aber ohne jede Angst. Die Kraft, die das Blut nach innen treibt, muß er dann in seiner Gewalt haben. Aber auch jene andere Fähigkeit, das Blut vom Herzen zur Peripherie strömen zu lassen, darf ihm nicht verloren gehen. Denn der Jupiterzustand wird in einer gewissen Weise auch die Rückkehr zum alten Mondenbewußtsein bedeuten. Der Mensch wird wieder in Harmonie kommen mit den großen Weltgesetzen und sich eins mit ihnen fühlen. Er wird wieder die Fähigkeit erlangen, zusammenzuströmen mit den geistigen Weltenmächten, aber nicht wie auf dem Monde unbewußt und dämmerhaft, sondern auf dem Jupiter wird er sein helles Tagesbewußtsein und selbstbewußtes Ich-Gefühl immer beibehalten und doch in Harmonie leben mit den Kräften und Gesetzen der Welt. Der Mißklang wird sich dann in Harmonie auflösen. Und um sich so einfließen lassen zu können in die Harmonie des Alls, muß er bewußt die innerste Kraft seines Ich vom Herzen hinausstrahlen lassen können. Er muß also bewußt die inneren Kräfte seines Blutes zentralisieren können, wenn ihm ein Feind gegenübertritt, und er muß sie auch bewußt ausstrahlen können. Dann nur wird er den zukünftigen Verhältnissen gewachsen sein.

Derjenige nun, der eine innere Entwickelung anstrebt, muß heute schon anfangen, diese Kräfte allmählich immer mehr in seine Gewalt zu bekommen. Er tut es dadurch, daß er bewußt seinen Atem aus- und einziehen lernt. Wenn der Mensch seinen Atem einzieht, so treten damit die Kräfte des Ich in Tätigkeit, die ihn in Zusammenhang bringen mit den Kräften des Kosmos, diejenigen Kräfte, die vom Herzen nach außen strahlen. Und wenn der Mensch den Atem ausgibt, und wenn er sich des Atems enthält, so treten diejenigen Kräfte des Ich in Tätigkeit, die nach dem Mittelpunkte, nach dem Herzen drängen und dort ihm ein festes Zentrum schaffen. So lernt der Schüler schon heute, wenn er bewußt seine Atemübungen in diesem Sinne macht, allmählich Herr zu werden über die Kräfte seines Ich. Niemand darf aber glauben, selbständig solche Übungen unternehmen zu dürfen, wenn er noch keine Anweisung dazu erhalten hat. Ein jeder wird sie bekommen zu rechter Zeit. Aber auch für den, der noch keine solchen Übungen macht, ist es nie zu früh, sich schon mit dem Sinn dieser Üungen bekannt zu machen und Verständnis dafür zu erlangen. Sie werden ihm dann später nur um so fruchtbarer werden. So sollt Ihr, meine Schwestern und Brüder, immer mehr Verständnis bekommen auch für die subtilen Vorgänge in Euch und im Weltganzen und allmählich hineinwachsen in die zukünftigen Perioden der menschlichen Entwickelung.

Von den Ausführungen über dasselbe Thema in der esoterischen Stunde in Berlin am 26. Januar 1908 wurde folgendes festgehalten:

... Wenn wir tief einatmen und den Atem anhalten, so rekapitulieren wir ein Stück Mondzustand. Wenn wir dagegen den Atem draußen lassen, so haben wir darin ein Stück Jupiterzustand. Damit hängt es zusammen, ob der Geheimschüler Übungen bekommt, in denen er den Atem anhalten muß, weil er in gewisser Weise den Mondzustand durchmachen muß, oder ob er Übungen erhält, in denen er den Atem draußen lassen muß, weil er so den Jupiterzustand erreichen kann. Ein jeder ist da individuell zu behandeln.

Wir wissen, daß sich der Strom der Menschheit bereits jetzt in zwei Teile spaltet, den einen, der in das Gute, Sittliche übergeht, und den anderen, der in das Schaurige, Böse endet. Solche Zustände bahnen sich jetzt schon an, die Keime sind schon jetzt vorhanden. So wird alles dasjenige, was heute an Maschinen, Instrumenten in der Welt ist und in Bewegung gesetzt wird, auf dem Jupiter zu furchtbaren, entsetzlichen Dämonen werden. Alles, was nur dem Nützlichkeitsprinzipe dient, wird dereinst zu solchen furchtbaren Mächten erstarken. Paralysiert kann dieses werden, wenn wir die Nützlichkeitsapparate umwandeln in solche, die neben ihrer Nützlichkeit vor allem die Schönheit, das Göttliche verkünden. Es ist sehr gut, daß wir dieses wissen. Sonst würden derartige Mächte die Erde einst zerreißen. Wir sehen auch, wie ungeheuer wichtig es ist, daß wir bei der Erziehung des Kindes dasselbe umgeben mit künstlerischen Eindrücken. Kunst macht frei. Auch die Lokomotive muß einst umgewandelt werden in eine Maschine, die schön ist. – Unsere Furcht- und Angstgefühle sind Nahrung für andere böse Wesenheiten. Wir müssen derartige Gedanken nicht aufkommen lassen. Denn auf dem Jupiter werden uns derartige Dämonen in weit größerer Zahl umgeben als jetzt. Aber für den steht in dieser Beziehung nichts zu fürchten, der wie ein kluger Mensch seine Hülle rein hält, so daß sich keine Fliegen um den Schmutz ansammeln können.

V

Das Evangelium der Erkenntnis

und sein Gebet

In den vier Mysteriendramen hatte Rudolf Steiner seinen Erkenntnissen eine dramatische Form gegeben. Geistige Erkenntnis war von Menschen auf der Bühne dargelebte Gestaltung geworden. Das aus dem Innern der Seele zum Geiste drängende Streben sollte nun durch handelnde Personen ausgedrückt werden.

Mit Selbstverständlichkeit hatten die alten Griechen in das historische Geschehen die Göttergestalten hineinverwoben: sie waren ihnen noch wesenhaft nahe. Kunst war ohne das Erfühlen des Göttlichen nicht möglich. Doch als ein Erkenntnisproblem stellte sich jetzt das Gesetz von Karma vor den geistigen Blick; erlebt mußte es werden durch tiefstes Erfühlen. An solchem tiefen Erleben die Mitmenschen teilnehmen zu lassen, geschieht am besten auf dem Wege der Kunst. Das in den Geschicken der Menschheit sich darlebende Karma so darzustellen, war die Forderung der Zeit. Rudolf Steiner erfüllte diese Forderung. Nachdem der deutsche Geist in der Hochblüte seiner Klassik seine völkische Mission erfüllt und sich in die Umwelt ergossen, in ihr aufgegangen war, galt es, den Geist zu individualisieren und künftige Kulturperioden vorauszunehmen, die wieder das zusammenfügen würden, was auf dem Wege war, sich zu atomisieren. Die in der Seele wirkenden Lebenskräfte müssen die Materie nun ergreifen und so durchdringen, daß auch sie ganz durchscheinend wird. Der Mensch, der innerhalb der Erdentwicklung das letzte Glied der Hierarchien ist, soll sich zu ihnen hinauf auch bewußtseinsmäßig erheben. Bis ihm das gelingt, wird er noch oft zurück in die Finsternis stürzen: erlahmen jedoch darf er in diesem Ringen um den Aufstieg nicht. Die Wege zu diesem Ziel werden uns gewiesen durch richtig erfaßte Kunst, Wissenschaft und Religion.

Diese Erkenntnisse wurden Inhalt der gewaltigen Vorträge Dr. Steiners, die den Mysteriendramen in München folgten. Die Knappheit des zur Verfügung stehenden Raumes und der Wunsch, den Mysterienspielen eine würdige Stätte zu errichten, veranlaßte die Zuhörer, den längst gehegten Wunsch zum Entschluß reifen zu lassen. Der Bau in München unter Mitwirkung der für diesen Gedanken sich begeisternden Künstler wurde beschlossen. Es folgten lange Verhandlungen mit den Stadtobrigkeiten, die aber das Gesuch ablehnten.

In der freien Schweiz traten nun unsere Freunde zusammen und erwirkten die Erlaubnis zum Bau auf dem Dornacher Hügel, der in ländlicher Einsamkeit dalag und einigen Baslern Gelegenheit zum Sommeraufenthalt geboten hatte. Dieser Vorschlag wurde mit Dank angenommen. So hatte nun das Schicksal entschieden. Die vorbereitenden Arbeiten begannen. Zeichnungen und Planung der Anlagen wurden entworfen und der Ort bestimmt für die Grube, in welche der von unserem Freund Max Benzinger ausgestaltete Grundstein versenkt werden sollte. Der über ihn sich erhebende Bau würde den freien Blick in alle Himmelsrichtungen gewähren.

Wohl wußten die Gegenmächte der aufwärtssteigenden menschlichen Entwicklung, daß ihren Absichten hiermit ein mächtiges Bollwerk entgegengestellt würde. Und es war, als ob sie die Naturkräfte zu Hilfe riefen, um diese Grundsteinlegung zu verhindern. Die Elemente rasten, der Regen ergoß sich in Strömen, die Winde tobten. In dem aufgeweichten lehmigen Kalkboden blieb mancher Überschuh stecken. Aber niemandem von uns wäre es eingefallen zu denken, daß man aus solchen Gründen den Tag der Grundsteinlegung hätte verschieben können; er war ja vom Schicksal dazu vorbestimmt.

Dr. Steiners durchgeistigte Stimme siegte über das rasende Element und drang in die Herzen. Dicht nebeneinander standen um ihn herum die Freunde, deren einer es fertigbrachte, wenn auch lückenhaft, aber doch Dr. Steiners Worte schriftlich festzuhalten. So daß damit die Erinnerung an diesen Tag des 20. Septembers 1913 auch für die Nachwelt erhalten werden kann.

Ansprache zur Grundsteinlegung des Dornacher Baues
am 20. September 1913

Meine lieben Schwestern und Brüder,

Verstehen wir uns heute an diesem Festabend richtig. Verstehen wir
uns dahin, daß diese Handlung in einem gewissen Sinne bedeutet für
unsere Seele ein Gelöbnis. Unser Streben hat es mit sich gebracht, daß
wir hier an diesem Orte, von dem aus wir weit hinaus sehen nach den
vier Elementarrichtungen der Himmelsrose, aufrichten dürfen dieses
Wahrzeichen geistigen Lebens der neueren Zeit. Verstehen wir uns,
daß wir uns am heutigen Tage, indem wir unsere Seelen verbunden
fühlen mit dem, was wir in die Erde symbolisch versenkt haben, an-
verloben dieser von uns als richtig erkannten geistigen Evolutions-
strömung der Menschheit. Versuchen wir, meine lieben Schwestern und
Brüder, dieses Seelengelöbnis abzulegen: daß wir hinwegsehen wollen
für diesen Augenblick von allem Kleinlichen des Lebens, von all dem,
was uns verbindet, notwendig verbinden muß als Mensch mit dem
Leben des Alltags. Versuchen wir in diesem Augenblicke in uns den
Gedanken zu erwecken der Verbindung der Menschenseele mit dem
Streben in der Zeitenwende. Versuchen wir einen Augenblick daran
zu denken, daß, indem wir das getan haben, was wir heute Abend
vollbringen wollten, wir das Bewußtsein in uns tragen müssen, hinaus-
zuschauen in weite, weite Zeitenkreise, um gewahr zu werden, wie sich
die Mission, deren Wahrzeichen werden soll dieser Bau, einreihen wird
der großen Mission der Menschheit auf unserem Erdenplaneten. Nicht
in Stolz und Übermut, in Demut, Hingebung und Opferwilligkeit versuchen wir unsere Seelen hinaufzulenken zu den großen Plänen, den
großen Zielen des menschlichen Wirkens auf der Erde. Versuchen wir
uns zu versetzen in die Lage, in der wir eigentlich sein sollen und sein
müssen, wenn wir diesen Augenblick richtig verstehen.

Versuchen wir daran zu denken, wie einstmals einzog in unsere

Erdenevolution die große Kunde und Botschaft, das urewige Evangelium göttlich-geistigen Lebens, wie es hinzog über die Erde, als die göttlichen Geister selber die großen Lehrer der Menschheit noch waren. Versuchen wir, meine lieben Schwestern und Brüder, uns zurückzuversetzen in jene göttlichen Zeiten der Erde, von denen noch ein letztes Sehnen, eine letzte Erinnerung uns aufgeht, wenn wir etwa im alten Griechenlande mit den letzten Tönen der Mysterienweisheit – und zugleich mit den ersten philosophischen Tönen – den großen Plato künden hören von den ewigen Ideen und der ewigen Hyle der Welt. Und versuchen wir zu begreifen, was über unsere Erdenevolution seither gezogen ist an luziferischen und ahrimanischen Einflüssen. Versuchen wir uns klarzumachen, wie aus der Menschenseele gewichen ist der Zusammenhang mit dem göttlichen Weltendasein, mit dem Wollen, mit dem Fühlen und mit dem göttlich-geistigen Erkennen.

Versuchen wir in diesem Augenblick tief, tief in unserer Seele nachzufühlen, was da draußen, in den Ländern im Osten, Norden, Westen und Süden heute die Menschenseelen fühlen, die wir anerkennen dürfen als die besten, und die nicht hinauskommen über dasjenige, was wir aussprechen können mit den Worten: ein unbestimmtes, unzulängliches Sehnen und Hoffen auf den Geist. Schaut Euch um, meine lieben Schwestern und Brüder, wie dieses unbestimmte Sehnen, dieses unbestimmte Hoffen auf den Geist waltet in der heutigen Menschheit! Fühlet hörend, hier beim Grundstein unseres Wahrzeichens, wie in dem unbestimmten Sehnen und Hoffen der Menschheit nach dem Geiste der Schrei hörbar ist nach der Antwort, nach jener Antwort, die gegeben werden kann da, wo Geisteswissenschaft walten kann mit ihrem Evangelium der Kunde von dem Geiste. Versucht in Eure Seelen Euch zu schreiben das Große des Augenblicks, den wir durchmachen am heutigen Abend. Wenn wir hören können den Sehnsuchtsruf der Menschheit nach dem Geiste, und errichten wollen den Wahrbau, von dem aus verkündet werden soll immer mehr und mehr die Botschaft von dem Geiste, wenn wir dieses fühlen im Leben dieser Welt, dann verstehen wir uns an diesem Abend richtig. Dann wissen wir –

nicht in Hochmut und nicht in Überschätzung unseres Strebens, sondern in Demut, in Hingabe und Opferwilligkeit wissen wir, daß wir sein müssen in unserem sich bemühenden Streben die Fortsetzer jener Geistesarbeit, die im Abendland ausgelöst worden ist im Laufe einer fortschreitenden menschheitlichen Entwickelung, die aber endlich dazu führen mußte durch die notwendige Gegenströmung der ahrimanischen Kräfte, daß heute die Menschheit an einem Punkte steht, wo die Seelen verdorren, veröden müßten, wenn jener Sehnsuchtsschrei nach dem Geiste nicht erhört würde. Fühlen wir, meine lieben Schwestern und Brüder, diese Ängste! So muß es sein, wenn wir weiter kämpfen dürfen in jenem großen geistigen Kampf, der ein Kampf ist, durchglüht vom Feuer der Liebe; in jenem großen geistigen Kampf, dessen Fortsetzer wir sein dürfen, der geführt worden ist von unseren Vorfahren einstmals, als sie drüben abgelenkt haben den ahrimanischen Ansturm der Mauren.

Wir stehen, durch Karma geführt, in diesem Augenblicke an dem Ort, durch den durchgegangen sind wichtige spirituelle Strömungen. Fühlen wir in uns den Ernst der Lage am heutigen Abend. Einstmals war die Menschheit am Endpunkt angelangt des Strebens nach Persönlichkeit. Da in der Fülle dieser Erden-Persönlichkeit verdorrt war das alte Erbstück der göttlichen Leiter des Urbeginnes der Erdenevolution, da erschien drüben im Osten das Weltenwort:

Im Urbeginne war das Wort
Und das Wort war bei Gott
Und ein Gott war das Wort.

Und das Wort erschien den Menschenseelen und hat zu den Menschenseelen gesprochen: Erfüllet die Erdenevolution mit dem Sinn der Erde! – Jetzt ist das Wort selber übergegangen in die Erden-Aura, ist aufgenommen von der spirituellen Aura der Erde.

Vierfach verkündet worden ist das Weltenwort durch die Jahrhunderte, die nun bald zwei Jahrtausende geworden sind. So hat das Weltlicht hineingeleuchtet in die Erdenevolution.

Immer tiefer sank und mußte sinken Ahriman. Fühlen wir uns umgeben von den Menschenseelen, in denen erklingt der Sehnsuchts-schrei nach dem Geiste. Fühlen wir aber, meine lieben Schwestern und Brüder, wie bei dem allgemeinen Sehnsuchtsschrei diese Menschen-seelen bleiben müßten, weil Ahriman, der finstere Ahriman, das Chaos breitet über die erstrebte Geisteserkenntnis der Welten der höheren Hierarchien. Fühlet, daß die Möglichkeit vorhanden ist, in unserer Zeit hinzuzufügen zu dem vierfach verkündeten Geisteswort jenes andere, das ich Euch nur im Symbole darstellen kann.

Vom Osten kam es herüber – das Licht und das Wort der Ver-kündigung. Vom Osten aus ist es hingezogen nach dem Westen, vier-fach verkündet in den vier Evangelien, abwartend, daß vom Westen her kommen wird der Spiegel, der Erkenntnis hinzufügen wird dem, was noch Verkündigung ist im vierfach ausgesprochenen Weltenwort. Tief geht es uns zu Herzen und Seelen, wenn wir vernehmen jene Bergpredigt, die da gesprochen worden ist, als die Zeiten der Heran-reifung der menschlichen Persönlichkeit erfüllt waren, da das alte Geisteslicht geschwunden war und das neue Geisteslicht erschien. Das neue Geisteslicht ist erschienen! Aber da es erschienen war, ging es durch die Jahrhunderte der Menschheitsevolution vom Osten nach dem Westen, wartend auf das Verständnis für die Worte, die einst-mals in der Bergpredigt in die menschlichen Herzen getönt haben. Aus den Tiefen unserer Weltevolution ertönt jenes urewige Gebet, das als Verkündigung des Weltenwortes gesprochen worden ist, da sich das Mysterium von Golgatha vollzog. Und tief tönte hin das urewige Ge-bet, das dem Mikrokosmos in tiefster Seele künden sollte aus dem Innersten des menschlichen Herzens heraus das Geheimnis des Daseins. Es sollte erklingen in dem, was uns als «Vaterunser» verkündet worden ist, als es ertönte vom Osten nach dem Westen. Doch wartend verhielt sich dieses Weltenwort, das damals in den Mikrokosmos sich hinein-senkte, auf daß einstmals es zusammenklingen dürfe mit dem Fünften Evangelium; heranreifen mußten die Menschenseelen, um das zu ver-stehen, was vom Westen her als das urälteste, weil das makrokosmische Evangelium, wie ein Echo nun entgegenklingen soll dem mikrokosmischen Evangelium des Ostens.

Wenn wir Verständnis entgegenbringen dem gegenwärtigen Augenblick, dann wird uns auch das Verständnis dafür aufgehen, daß den vier Evangelien hinzugefügt werden kann ein fünftes. So mögen denn am heutigen Abend zu des Mikrokosmos Geheimnissen hinzu die Worte erklingen, welche die Geheimnisse des Makrokosmos ausdrücken. Als erstes des Fünften Evangeliums soll hier ertönen das makrokosmische Gegenbild des mikrokosmischen Gebetes, das einstmals verkündet wurde vom Osten nach dem Westen. So klinge wider als Zeichen des Verständnisses das makrokosmische Weltengebet, enthalten im Fünften, uralten Evangelium, das verbunden ist mit dem Mond und dem Jupiter, so wie die vier Evangelien verbunden sind mit der Erde:

> AUM, Amen!
> Es walten die Übel,
> Zeugen sich lösender Ichheit,
> von andern erschuldete Selbstheitschuld,
> Erlebet im täglichen Brote,
> In dem nicht waltet der Himmel Wille,
> Da der Mensch sich schied von Eurem Reich
> Und vergaß Euren Namen,
> Ihr Väter in den Himmeln.

Das Vaterunser war als Gebet der Menschheit gegeben worden. Dem mikrokosmischen Vaterunser, das verkündet wurde vom Osten nach dem Westen, tönt nun entgegen das uralte makrokosmische Gebet. So tönt es wider, wenn es, recht verstanden von Menschenseelen, hinausklingt in die Weltenweiten und zurückgegeben wird mit den Worten, die geprägt worden sind aus dem Makrokosmos heraus. Nehmen wir es mit uns, das makrokosmische Vaterunser, fühlend, daß wir damit beginnen, das Verständnis zu erringen für das Evangelium der Erkenntnis: das Fünfte Evangelium. Tragen wir von diesem wichtigen

Augenblick nach Hause in unserer Seele mit Ernst und Würde unser Wollen, tragen wir nach Hause die Gewißheit, daß alle Weisheit, nach der da sucht die Menschenseele – wenn das Suchen ein echtes ist –, eine Gegenströmung ist der kosmischen Weisheit; und alle in selbstloser Liebe der Seele wurzelnde Menschenliebe aus der in der Menschheitsevolution waltenden Liebe erfruchtet.

Durch alle Erdenzeiten hindurch und in alle Menschenseelen hinein wirkt aus dem starken Menschenwillen, der sich erfüllt mit dem Sinn des Daseins und dem Sinn der Erde, eine Verstärkung durch die kosmische Kraft, welche die Menschheit heute sich erfleht, unbestimmt hinrichtend den Blick zu einem Geiste, den sie erhofft, aber nicht erkennen will, weil in die Menschenseele Ahriman eine ihr unbewußte Furcht gesenkt hat überall da, wo heute vom Geiste gesprochen wird. Fühlen wir das, meine Schwestern und Brüder, in diesem Augenblick. Fühlet dieses, so werdet Ihr Euch zu Eurem Geisteswerk rüsten können und Euch als Geisteslichtes Offenbarer «gedankenkräftig auch noch dann bezeugen, wenn über voll erwachter Geistesschau der finstere Ahriman, die Weisheit dämpfend, des Chaos Dunkelheit verbreiten will». Erfüllet, meine Schwestern und Brüder, Eure Seelen mit der Sehnsucht nach wirklicher Geist-Erkenntnis, nach wahrer Menschenliebe, nach starkem Wollen. Und versucht in Euch rege zu machen jenen Geist, der da vertrauen kann der Sprache des Weltenwortes, die uns entgegenhallt aus Weltenfernen und aus Raumesweiten, hereinklingend in unsere Seelen. Das ist, was der wirklich fühlen muß am heutigen Abend, der den Sinn des Daseins erfaßt hat: Die Menschenseelen sind an einem Rande ihres Strebens. Fühlet in Demut, nicht in Hochmut, in Hingabe und Opferwilligkeit, nicht in Überhebung Eures Selbstes, was werden soll mit dem Wahrzeichen, zu dem wir den Grundstein heute gelegt haben. Fühlet die Bedeutung der Erkenntnis, die uns werden soll dadurch, daß wir wissen können: Es muß in unserer Zeit in den Raumesweiten die Hülle der geistigen Wesenheiten durchstoßen werden, wenn die geistigen Wesenheiten kommen, uns zu sprechen von dem Sinn des Daseins. Allüberall im Umkreis werden aufnehmen müssen Menschenseelen den Sinn des Daseins. Höret, wie an den verschiedenen Geistesorten, wo von Geisteswissenschaft, von Religion und Kunst gesprochen und in ihrem Sinn gehandelt wird, höret, wie immer öder werden die Strebenskräfte der Seelen, fühlet, daß Ihr lernen sollt, diese Seelen, diese Strebenskräfte der Seele zu befruchten aus den Geistes-Imaginationen, den Inspirationen und Intuitionen heraus. Fühlet, was der finden wird, der richtig hören wird den Ton der schöpferischen Geistigkeit.

Diejenigen, die zum alten Vaterunser hinzu werden verstehen lernen den Sinn des Gebets vom Fünften Evangelium, die werden aus unserer Zeitenwende heraus diesen Sinn gründlich erkennen können.

Wenn wir lernen werden, den Sinn dieser Worte zu verstehen, so werden wir die Keime aufzunehmen suchen, die da erblühen müssen, wenn die Erdenevolution nicht verdorren, wenn sie weiter fruchten und gedeihen soll, auf daß die Erde das ihr vom Urbeginn gestellte Ziel durch Menschenwillen erreichen kann.

So fühlet an diesem Abend, daß lebendig werden muß in den Menschenseelen die Weisheit und der Sinn der neuen Erkenntnis, der neuen Liebe und der neuen starken Kraft. Die Seelen, die da wirken werden in der Blüte und der Frucht künftiger Erdenevolutionen, werden dasjenige verstehen müssen, was wir heute unseren Seelen zum ersten Male einverleiben wollen: die makrokosmisch widerklingende Stimme des uralt ewigen Gebetes:

AUM, Amen!
Es walten die Übel,
Zeugen sich lösender Ichheit,
Von andern erschuldete Selbstheitschuld,
Erlebet im täglichen Brote,
In dem nicht waltet der Himmel Wille,
Da der Mensch sich schied von Eurem Reich
Und vergaß Euren Namen,
Ihr Väter in den Himmeln.

So gehen wir auseinander – in unserer Seele das Bewußtsein der Bedeutung mitnehmend von dem Ernst und der Würde der Handlung, die wir verrichtet haben. Das Bewußtsein, das von diesem Abend bleibt, soll in uns entzünden das Streben nach Erkenntnis einer der Menschheit gegebenen Neuoffenbarung, nach der da dürstet die Menschenseele, von der sie trinken wird, aber erst dann, wenn sie gewinnen wird furchtlos den Glauben und das Vertrauen zu dem, was da verkünden kann die Wissenschaft vom Geiste, die wiederum vereinen soll, was eine Weile getrennt durch die Menschheitsevolution gehen mußte: Religion, Kunst und Wissenschaft. Nehmen wir dies, meine Schwestern und Brüder, mit als etwas, was wir als ein Gedenken an diese gemeinsam gefeierte Stunde nicht wieder vergessen möchten.

(Nun folgte noch Eindecken und Einbetonieren des Grundsteins).

VI

Exegesen zu

«Licht auf den Weg»
von Mabel Collins

«Die Stimme der Stille»
von H. P. Blavatsky

Exegese zu «Licht auf den Weg»
von Mabel Collins

Die folgenden Erklärungen Rudolf Steiners beziehen sich auf die ersten Sätze aus «Licht auf den Weg»:

«Geschrieben wurden diese Lehren für jeden, der die Wahrheit sucht. Beachte sie!
Bevor das Auge sehen kann, muß es der Tränen sich entwöhnen.
Bevor das Ohr vermag zu hören, muß die Empfindlichkeit ihm schwinden.
Eh' vor den Meistern kann die Stimme sprechen, muß das Verwunden sie verlernen.
Und eh' vor ihnen stehen kann die Seele, muß ihres Herzens Blut die Füße netzen.»

Was der auf das Endliche gerichtete Verstand (Kama Manas) die Wahrheit nennt, das ist nur eine Unterart dessen, was der Esoteriker als «die Wahrheit *sucht*». Denn die Verstandeswahrheit bezieht sich auf dasjenige, was *geworden* ist, was *offenbar* ist. Und das Offenbare ist nur ein Teil des *Seins*. Jedes Ding unserer Umwelt ist zugleich Produkt, Geschöpf (das heißt Gewordenes, Offenbares) und *Keim* (Unoffenbares, Werdendes). Und erst, wenn man ein Ding als die beiden Aspekte (Gewordenes und Werdendes) betrachtet, dann hat man vor Augen, daß es ein Glied des *Einen Lebens* ist, des Lebens, das die Zeit nicht außer sich, sondern in sich hat. So ist auch die endliche Wahrheit nur ein *Gewordenes;* sie muß belebt werden durch eine *werdende* Wahrheit. Die erstere *erfaßt* man, die zweite «beachtet» man. Alle bloß wissenschaftliche Wahrheit gehört zur ersten Art. Wer *solche* Wahrheit allein sucht, für den ist «Licht auf den Weg» *nicht* geschrieben. Es ist geschrieben für die, welche *die* Wahrheit suchen, die *heute* Keim ist, um *morgen* Produkt zu werden; und die nicht das Gewordene erfassen, sondern das Werdende *beachten*. Will jemand die Lehren von «Licht auf den Weg» verstehen, dann muß er sie als seine eigenen erzeugen und doch als völlig andere lieben, wie eine Mutter ihr Kind als eigenes erzeugt und als anderes liebt.

Die vier ersten Lehren sind solche, die die Eingangspforte zur Esoterik eröffnen, wenn sie verstanden werden. – Was bringt der Mensch den Gegenständen seines Erkennens entgegen? Wer immer sich prüft, wird finden, daß Freude und Schmerz *seine* Antwort auf die Eindrücke der sinnlichen und übersinnlichen Welt sind. Man gibt sich so leicht dem Glauben hin, daß man Lust und Unlust abgelegt habe. Man muß aber in die verborgensten Winkel seiner Seele hinuntersteigen und *seine Lust, seine Unlust* heraufholen; denn nur, wenn alle solche Lust und alle solche Unlust verzehrt wird von der Seligkeit des höheren Selbst, dann ist Erkenntnis möglich. Man denkt: man werde dadurch ein kalter und nüchterner Mensch. Das ist nicht der Fall. Ein Stück Gold bleibt dasselbe Stück Gold – nach Gewicht und Farbe –, auch wenn es zum Schmuckgegenstand umgeformt wird. So bleibt Kama das, was es ist – nach Inhalt und Intensität –, auch wenn es spirituell geformt wird. Die Kama-Kraft soll nicht ausgerottet werden, sondern in den Inhalt des *göttlichen Feuers* einverleibt werden. So soll des Auges Zartsinn nicht in Tränen sich entladen, sondern die empfangenen Eindrücke vergolden. Löse jede Träne auf und verleihe den perlenden Glanz, den sie hat, dem Strahl, der in das Auge dringt. Verschwendete Kraft ist *deine* Lust und *dein* Schmerz; verschwendet für die Erkenntnis. Denn die Kraft, die in diese Lust und diesen Schmerz ausfließt, soll einströmen in den Gegenstand der Erkenntnis.

«Bevor das Auge sehen kann, muß es der Tränen sich entwöhnen.»

Wer noch den Verbrecher verabscheut in dem gewöhnlichen Sinne, und wer noch den Heiligen anbetet in diesem gewöhnlichen Sinne, der hat nicht sein Auge der Tränen entwöhnt. Verbrenne alle deine Tränen in dem Willen zum Helfen. Weine nicht über den Armen; *erkenne* seine Lage und hilf! Murre nicht über das Böse; verstehe es und wandle es in Gutes. Deine Tränen trüben nur die reine Klarheit des Lichtes.

Du *empfindest* um so zarter, je weniger du *empfindlich* bist. Der Klang wird dem Ohr klar, wenn diese Klarheit nicht gestört wird durch das Entzücken, durch das Sympathisieren, die ihm beim Eingange in das Ohr begegnen.

«*Bevor das Ohr vermag zu hören, muß die Empfindlichkeit ihm schwinden.*»

In anderer Art gesprochen, heißt das: Lasse die Herzschläge des andern in dir widerklingen und störe sie nicht durch die Schläge deines eigenen Herzens. Du sollst dein Ohr öffnen und nicht deine Nervenendigungen. Denn deine Nervenendigungen werden dir sagen, ob dir ein Ton *behaglich* ist oder nicht; aber dein offenes Ohr wird dir sagen, *wie* der Ton selbst ist. Wenn du zu dem Kranken gehst, so laß jede Fiber *seines* Leibes zu dir sprechen und ertöte den Eindruck, den er dir macht.

Und zusammengefaßt die ersten zwei Sätze: Kehre deinen Willen um, laß ihn so kraftvoll wie möglich werden, aber laß ihn nicht als den *deinen* in die Dinge strömen, sondern erkundige dich nach der Dinge Wesen und gib ihnen dann deinen Willen; laß dich und deinen Willen aus den Dingen strömen. Laß die Leuchtkraft deiner Augen aus jeder Blume, aus jedem Sterne fließen, aber behalte dich und deine Tränen zurück.

Schenke deine Worte den Dingen, die stumm sind, damit sie durch dich sprechen. Denn sie sind nicht eine Aufforderung an deine Lust, diese stummen Dinge, sondern sie sind eine Aufforderung an deine Tätigkeit. Nicht, was sie *geworden* ohne dich, ist für dich da, sondern was sie werden sollen, muß durch dich da sein.

Und solang du deinen Wunsch einem einzigen Dinge aufdrückst, ohne daß dieser dein Wunsch aus dem Dinge selbst geboren ist, solange verwundest du das Ding. Solange du aber irgend etwas verwundest, solange kann kein Meister auf dich hören. Denn der Meister hört nur jene, die seiner bedürfen. Niemand aber bedarf des Meisters, der sich den Dingen aufdrängen will. Des Menschen niederes Selbst ist wie eine spitze Nadel, die sich überall eingraben will. Solange sie das will, wird kein Meister ihre Stimme hören wollen.

«Eh' vor den Meistern kann die Stimme sprechen, muß das Verwunden sie verlernen.»

Solange noch die spitzen Nadeln des *«Ich will»* aus den Worten des Menschen ragen, solange sind seine Worte die Sendboten seines niederen Selbst. Sind diese Nadeln entfernt und ist die Stimme weich und schmiegsam geworden, daß sie sich wie ein Schleiergewand um die Geheimnisse aller Dinge legt, dann webt sie sich selbst zum Geistgewand (Majavirupa), und des Meisters zarter Laut kleidet sich in sie. Mit jedem Gedanken, den der Mensch im wahren Sinne des Wortes der inneren Wahrheit der Dinge widmet, webt er einen Faden zu dem Kleide, in das sich der Meister hüllen mag, der ihm erscheint. – Wer sich selbst zum Sendboten der Welt macht, zum Organ, durch das die Tiefen der Welträtsel sprechen, der «ergießt seiner Seele Leben in die Welt», sein Herzblut netzt seine Füße, auf daß sie eilends ihn dahin tragen, wo gewirkt werden soll. Und wenn die *Seele* da ist, wo *nicht* das niedere Ich ist, wenn sie nicht da ist, wo der Mensch genießend *steht*, sondern da, wohin ihn die *tätigen* Füße getragen haben, dann erscheint auch da der Meister.

«Und eh' vor ihnen stehen kann die Seele, muß ihres Herzens Blut die Füße netzen.»

Wer in sich *stehen* bleibt, kann nicht den Meister finden; wer ihn finden will, muß seiner Seele Kraft – seines Herzens Blut – in sein Tun – in seine tätigen Füße – fließen lassen.

So ist der *erste* Sinn der vier Grundlehren. Wer mit diesem ersten lebt, dem kann der zweite enthüllt werden und dann die folgenden. Denn diese Lehren sind okkulte Wahrheiten, und eine jede okkulte Wahrheit hat mindestens einen siebenfachen Sinn. –

Der zweite Teil der Exegese bezieht sich auf die Sätze Nr. 17 und 18 aus Kapitel II:

17. «Das Innerste frage, das Eine, nach seiner Geheimnisse letztem, das dir es umschließt seit Jahrtausenden.

Der große, schwere Kampf, die Überwindung der Wünsche deiner eignen Seele ist eine Arbeit von Jahrtausenden. Erwarte deshalb nicht den Siegespreis, eh' du Erfahrung von Jahrtausenden gesammelt. Kommt dann die Zeit, wo diese letzte Lehre zur Wahrheit wird, betritt der Mensch die Schwelle, die übers Menschentum hinaus ihn hebt.»

Kapitel II. Nr. 17. In diesen letzten Paragraphen des II. Kapitels von «Licht auf den Weg» ist Weisheit der tiefsten Art enthalten. In Nr. 17 ist die Aufforderung enthalten, das «Innerste», das «Eine» zu fragen nach seiner «Geheimnisse letztem». Wer hinunterleuchtet in die Tiefen dieses «Innersten», der findet in der Tat die Ergebnisse von «Jahrtausenden». Denn was der Mensch heute ist, das ist er durch lange Jahrtausende hindurch geworden. Durch Welten hindurch ist ja das Innerste gegangen, und verborgen ruhen in seinem Schoße die Früchte, die es aus diesen Welten mitgenommen. Daß unser Innerstes so ist, wie es jetzt ist, das verdankt es dem Umstande, daß unzählige von Bildungen gearbeitet haben an seinem Aufbau, daß es hindurchgegangen ist durch viele Reiche und daß es immer und immer wieder aus diesen Reichen sich Organe angebildet hat. Durch diese Organe ist es in Wechselverkehr getreten mit den Welten, die es jeweilig umgeben haben. Und was es aus diesem Wechselverkehr gewonnen hat, das hat es hinübergenommen in neue Welten, um ausgestattet mit den Errungenschaften von früher auf neuen Stufen noch immer reichere Erlebnisse zu haben. Und heute benützen wir den also differenzierten Wesenskern unseres Innersten, um auf dem «Planeten», den wir «Erde» nennen, eine Summe von Erlebnissen zu haben.

Alle Erlebnisse des «Mond-Planeten» und der früheren sind in unserem Innersten. Sie waren schon in diesem Innersten, als dieses durch ein Pralaya hindurch sich zur «Erde» herüberentwickelte. Und so waren diese Erlebnisse in der Pitrinatur dieses Innersten, wie die ganze Lilie – latent – in dem Liliensamenkorn ist. Nur ist freilich dieses Liliensamenkorn noch immer etwas Physisch-Sichtbares. Der «Pitrisame» aber, der vom «Monde» zur «Erde» herüberschlief, war inkarniert in Materien der höchsten Art, wahrnehmbar nur für «des Dangma erschlossenes Auge». Aber wie das Liliensamenkorn, wenn es in geeigneten Boden gesenkt wird, die Materien von Erde, Wasser und Luft so ordnet, daß eine neue Lilie sich bildet, so ordnet der «Pitrisame» bei seinen Zyklen durch das irdische Dasein die Materien so, daß im Laufe dieser Zyklen der volle «Mensch» nach und nach entsteht, der nach Ablauf der sechsten und beim Beginn der siebenten irdischen Runde wahrhaft «Gottes Ebenbild» genannt werden darf. Bis in die Mitte der vierten Runde – bis zum Ende der lemurischen Zeit – teilt sich die menschliche Pitrinatur in der Arbeit an ihrem eigenen Organismus mit «Bildnern» höchster und höherer Art; immer mehr aber muß, von diesem Zeitpunkt an, des Menschen «Innerstes» selbst diese Arbeit übernehmen. K. H. sagt über diese Arbeit das Folgende: Alles, was «du» zu tun hast, ist, «ganz Mensch» zu werden. Denn wisse: nur deiner physischen Natur nach bist du jetzt schon – beinahe – Mensch. Denn auch der physischen Natur nach wirst du es erst am Ende der vierten Runde sein. Noch unorganisiert, noch chaotisch aber sind dein Astralleib, dein Mentalleib und dein Ich-Leib (höherer Manas). Ebenso vollkommen wie dein physischer Leib nach der vierten, muß dein Astralleib nach der fünften, dein Mentalleib nach der sechsten und dein arupischer (höherer Mental-)Leib nach der siebenten Runde sein, wenn du am Ende der irdischen Zyklen deine Bestimmung erreicht haben sollst. Und nur dann, wenn du *diese* Bestimmung erreicht hast, kannst du als ein normal-terrestrischer Pitri zum nächsten Planeten hinüberwandeln.

Diejenigen aber, welche den okkulten Pfad gehen wollen, sollen mit Bewußtsein immer mehr arbeiten an diesem dreifachen Herausorganisieren ihrer höheren Leiber aus ihrem «Innersten». Das ist der Sinn des Meditierens.

Man gestaltet (organisiert) seinen *Astralleib* durch Erhebung zum höheren Selbst und durch Selbstprüfung. So, wie außermenschliche Kräfte in verflossenen Runden gearbeitet haben, um die Organe des physischen Leibes von heute zu bauen, so arbeitet das innermenschliche höhere Selbst an dem Astralleibe, damit dieser ein «Ebenbild der Gottheit» oder auch «ganz Mensch» werde. Dann wird er geeignet, durch *seine* Organe die Geheimnisse höherer Welten so zu erleben, wie der physische Leib durch *seine* Sinnesorgane die Geheimnisse der physisch-mineralischen Welt erlebt. Wir prüfen uns bezüglich unserer Tageserlebnisse am Abend. Wir erheben uns durch die bekannte Formel zu unserem «höheren Selbst». In beiden Tätigkeiten wirken wir organisierend, bauend auf unseren Astralkörper. Wir machen ihn dadurch erst zum Astral-Organismus, zum Körper mit Organen, während er vorher nur eine Art Träger war. Diese «Formel» ist ja diese:

«Strahlender als die Sonne,
Reiner als der Schnee,
Feiner als der Äther,
Ist das Selbst,
Der Geist, inmitten meines Herzens.
Ich bin dieses Selbst.
Dieses Selbst bin Ich.»

Es eröffnet sich der Blick allerdings dadurch auf eine «Arbeit von Jahrtausenden», wie es weiter in Paragraph 17 heißt. So, wie Jahrtausende notwendig waren, bis die äußere physische Ebenbildlichkeit erreicht worden ist, so wird eine Arbeit von Jahrtausenden notwendig sein, bis diese Ebenbildlichkeit für die höheren Körper erreicht sein wird. Dann erst steht der Mensch an der «Schwelle, die übers Menschentum hinaus ihn hebt». Und er muß gerade so in der siebenten Runde «an diese Schwelle» kommen, wie er am Ende der lunarischen (Mond-)Epoche an der Schwelle sein mußte, die ihn über das lunarische Pitritum hinaushob.

Durch die Mental-Meditation eines Satzes aus den inspirierten Schriften organisiert der Meditierende seinen Mentalleib. Wenn der Mensch aus der Bhagavad-Gita oder aus anderen Schriften, welche die theosophische Literatur an die Hand ihm gibt, sich solche Meditationssätze nimmt, dann arbeitet er an der Organisation dieses seines Mentalleibes. Es muß immer wieder und wieder betont werden, daß es bei diesem Meditieren viel weniger darauf ankommt, verstandesmäßig den Satz durchzunehmen – *das* soll für sich außerhalb der eigentlichen Meditation geschehen –, als vielmehr bei völlig freiem Blickfeld des Bewußtseins mit dem Satz zu *leben. Er* soll uns sagen, was er uns zu sagen hat. Wir sollen die von ihm Empfangenden sein. Ist er ein inspirierter Satz, dann beginnt er in unserem Bewußtsein zu leben, dann strömt Lebendiges von ihm aus, dann wird er in uns Fülle, vorher nicht geahnter Inhalt. Solange wir über ihn spekulieren, können wir nämlich doch nur das in ihn hineinlegen, was schon in uns ist. Dadurch kommen wir aber nicht weiter.

Die Organisation des Ich-Leibes hängt von dem devotionellen Teile unserer Meditation ab. Je mehr wir durch diese Devotion erreichen, je tiefer, ernster sie ist, desto ähnlicher werden wir der Wesenheit, als die wir hinausziehen sollen aus unserem planetarischen Leben zu den Aufgaben, die in einem späteren Sein an uns gestellt werden.

18. «Das Wissen, das du nun dein eigen nennst, ist nur dein Eigentum, weil deine Seele in Eins verschmolzen ist mit allen Seelen und Eins geworden mit dem Innersten. Es ist ein Schatz vom Höchsten dir vertraut. Doch täuschst du sein Vertrauen, mißbrauchst dein Wissen du, läßt du es schlummern, wo du's nützen solltest, dann selbst von der erklommenen Höhe ist der Sturz noch möglich. An der Schwelle selbst da weichen noch Erhabne zurück, unfähig, die Verantwortung zu tragen und außerstand, sich höher aufzuschwingen. Darum gedenke stets mit heiliger Furcht, mit bangem Zittern dieses Augenblicks und rüste dich im voraus zu dem Kampf.»

Nr. 18. Wir müssen erleben, daß wir Eins sind mit allem, was lebt. Wir müssen uns klar darüber sein, daß das, was wir unser Eigen nennen, *dann* kein Leben hat, wenn es eine Eigenheit sein will. Es hat dann ebensowenig ein Leben, wie unser kleiner Finger ein Leben hätte, wenn er abgeschnitten wäre von unserem ganzen Organismus. Und was für unseren kleinen Finger die physische – sinnliche – Abschneidung wäre, das wäre für unsere Eigenheit ein Wissen, das sich nur auf diese Eigenheit selbst beziehen wollte. *Eins* waren wir, als wir innerhalb einer allgöttlichen Wesenheit den Planeten betraten, der der dritte vor unserer Erde war; innerhalb der allgöttlichen Wesenheit waren wir, und doch eine Eigenheit, wie jeder Ton in einer Symphonie eine Eigenheit ist und doch Eins mit der ganzen Symphonie. Und was wir unsere Eigenheit zu nennen berufen sind, das soll auf sich wirken lassen, was es trifft in den 343 Welten, die es durchlebt (sieben Planeten, sieben Runden auf jedem Planeten, sieben sogenannte Globen zu jeder Runde = 7 x 7 x 7 Metamorphosen = 343).

Was wir da zu erleben vermögen, das ist als *Anlage* in uns gelegt im *Anfange*. Und das ist der Schatz, «vom Höchsten dir vertraut». Und wie der Schatz uns vertraut ist, so sollen wir ihn stellen in den Zusammenklang der planetarischen Symphonie. Ein Erlebnis wird sich dem immer wieder bieten, der *diese* Dinge voll versteht. Alle Vertiefung in unser Inneres bleibt unfruchtbar, leer, wenn wir sie nur für uns selbst haben wollen. *Unsere* Vervollkommnung anstreben, heißt doch nur einem höheren Egoismus frönen. Unser Wissen muß immerdar ausfließen von uns. Nicht gesagt soll damit sein, daß wir unbedingt immer lehren sollen. Das soll jeder, wie er es kann, und wenn er es kann. Aber der kleinste Handgriff im alltäglichen Leben macht es möglich, ein lebendiges Ergebnis selbstlos erworbenen Wissens zu sein. Und wenn wir *das* in der Empfindung haben, daß alles Leben Eins ist, daß alles Sondersein nur in der Maya begründet ist: dann wird alle unsere Vertiefung in unser Inneres auch mit dem lebendigen Gefühle erworben, daß es lebendig werden soll in dem All-Einen Leben. Dann aber ist unsere Vertiefung immer durch Fruchtbarkeit belohnt. Dann sind wir sicher, daß wir nicht fallen können. Wer nur, um zu wissen, nur um seiner eigenen Vollkommenheit willen Wissen erstrebt, nur um weiterzukommen auf der Stufenleiter des Daseins: der kann noch fallen, auch wenn er schon sehr hoch gestiegen sein sollte. Und wir müssen uns vor allem der «Verantwortung» bewußt sein, die wir durch das Erwerben höherer Erkenntnis auf uns nehmen. Nur ein gewisses Maß von Entwickelungsmöglichkeit ist der Gesamtmenschheit zuerteilt im Entwickelungswege. Machen daher wir uns vollkommener, eignen wir uns ein Maß von Vollkommenheit früher zu, als es im Normalfortschreiten möglich wäre, so *nehmen* wir von dem gemeinsamen Maße der Menschheit etwas für uns. Wir lassen die Waagschale auf unserer Seite sinken; die Waage schnellt auf der anderen Seite empor. Nur durch *Geben* in irgendeiner Art können wir gutmachen, was wir *genommen* haben. Aber wir dürfen auch darum nicht denken, daß es besser sei, nicht zu nehmen. Das hieße wieder egoistisch sein und sich dem Nehmen entziehen, auf daß man auch der Pflicht des Gebens enthoben wäre.

Nicht nehmen und nicht geben bedeuten den *Tod;* wir aber sollen dem *Leben dienen.* Wir sollen uns die Möglichkeit des Gebens erwerben; deshalb müssen wir die Verantwortung des Nehmens auf uns laden. Nur müssen wir uns in jedem Augenblicke dieser Verantwortung bewußt sein. Wir müssen unausgesetzt sinnen, wie wir am besten geben, wenn wir genommen haben.

Das gibt einen «Kampf», einen ernsten, heiligen Kampf. Aber *dieser* Kampf muß sein. Wir *dürfen* ihn nicht scheuen. Stets müssen wir uns rüsten zu diesem Kampf. – Besonders die hohe Bedeutung *dieses Kampfes* wurde und wird den Mysten aller Einweihungsschulen vorgeführt. Sie werden ermahnt, sich zu erfüllen, sich zu durchdringen mit dem Bewußtsein dieses Kampfes. Atmet unser Innerstes das Leben dieses Kampfes als Grundstimmung der Seele, dann lebt auf in diesem Innern das innere Gesicht und das innere Gehör. Und vermögen wir ruhig, *ganz ruhig* zu sein auf diesem Kampfplatze, dann beginnen auf unserem astralen und mentalen Himmel höhere Geheimnisse aufzublitzen. Dann symbolisieren sich in uns Gefühle, Gedanken zu geistig-greifbaren Wirklichkeiten; und aus dem Nebel dieser geistig-greifbaren Wirklichkeiten ertönt die Stimme des Meisters, formt sich des Meisters Gestalt. Es beginnt für uns der höhere *Verkehr*. Wir beginnen, in der Welt nicht mehr bloß Mitakteure zu sein, sondern werden für sie *Boten* (Angelos).

Das was hier geschildert wird als Exegese von Nr. 18, ist Satz für Satz Wirklichkeit, zu erlebende höhere Wirklichkeit. Und wer sich durchdringt mit dem Sinn dieses Satzes in dieser Weise, der wird ein Bürger höherer Welten.

Meditation
im Zusammenhang mit «Licht auf den Weg»

Morgens:

1.) AUM

2.) Erhebung zum höheren Selbst durch die Formel:
«Strahlender als die Sonne
Reiner als der Schnee
Feiner als der Äther
Ist das Selbst
Der Geist in meinem Herzen
Dies Selbst bin Ich. Ich bin dies Selbst.»

3.) Kontemplative Meditation in «Licht auf den Weg»
   a) 14 Tage: «Bevor das Auge . . . »
   b) 14 Tage: «Ehe das Ohr . . . »
   c) 14 Tage: «Ehe vor den Meistern . . . »
   d) 14 Tage: «Ehe vor ihnen stehen . . . »

4.) Devotionelle Hingabe an das absolut verehrungswür-
dige Ideal.

Abends:

Tagesrückschau. Anfang mit den letzten Erlebnissen und
Handlungen am Abend und aufsteigend bis zum Morgen.

Exegese
zu «Die Stimme der Stille» von H. P. Blavatsky

Einem aus der alten Theosophischen Gesellschaft herkommenden Schüler gab Rudolf Steiner als Meditationsstoff die kleine Schrift von H. P. Blavatsky «Die Stimme der Stille» (vgl. S. 158 ff.) an:

«... so daß Sie in den ersten 14 Tagen die ersten beiden Sätze der Schrift in dem Blickfeld des Bewußtseins sein lassen. Ich meine (mit Auslassung des allerersten Satzes) die folgenden:

> Wer des Geistes Stimme außer sich verstehen will,
> der muß des eigenen Geistes Wesen erst erleben –
>
> Wenn der Suchende die Welt der Sinne nicht mehr
> allein hören will, so muß er den suchen, welcher
> diese Welt erzeugt, er muß in Gedanken leben,
> welche die Sinnenwelt zur Scheinwelt machen.

Es kommt nicht darauf an, daß man über diese Sätze spekuliert, sondern darauf, daß man ein paar Minuten mit ihnen lebt. Dazu muß man sich ihren Inhalt vorher so angeeignet haben, daß man ihn mit einem geistigen Blicke überschauen, geistig vor sich hinstellen, und ohne daß man über ihn spintisiert, hingebend auf sich wirken läßt. Denn nur dadurch wird die Meditation fruchtbar, daß man die zu meditierenden Gedanken in voller Ruhe auf sich einströmen läßt.»

(Brief vom 14. April 1904)

«... Ich bitte Sie nun, auch noch in den nächsten Wochen die Teile der ‹Stimme› zu meditieren, welche den sieben Stimmen vorangehen. Ich werde in den nächsten Tagen diese sieben Stimmen interpretieren und Sie erhalten dann ein erstes Exemplar der Interpretation.»

(Brief vom 14. Mai 1904)

«... Die rechte Stimmung ist die Geduld ... Die Stimmung des Wartens beschleunigt unsere Schritte.

Sie meinen, wenn man in der Meditation die Worte, die eigentlich selbstverständlich sind, wiederhole, so sei das doch zwecklos. Das ist aber nicht der Fall. Käme es auf das Wissen an, dann wäre es zwecklos. Aber es kommt eben darauf an, daß man wieder und immer wieder *durch sich selbst* erlebt, was man sein soll, und was man selbsttätig aus sich machen soll. Sie finden darüber Näheres in den Zusätzen, die ich Ihnen zur ‹Stimme der Stille› versprochen habe, und Ihnen heute beilege.» (Brief vom 11. August 1904)

Nachfolgende «Zusätze» beziehen sich auf den Anfang von H. P. Blavatskys «Die Stimme der Stille» in einer von Rudolf Steiner verwendeten und im Anschluß an die Exegese wiedergegebenen Übersetzung, welche in einer unbekannten Handschrift beim Manuskript der Exegese Rudolf Steiners liegt. Diese Übersetzung weicht von derjenigen von Franz Hartmann, Lotus-Verlag Leipzig (o. J.) stark ab. Es liegt nahe, anzunehmen, daß die verwendete Übersetzung in Zusammenhang mit Rudolf Steiner entstanden ist.

In dem ersten Satz der «Stimme der Stille» wird von den niederen Seelenkräften (Iddhis oder Siddhis) gesprochen. Und es wird auf «Gefahren dieser Seelenkräfte» hingedeutet. Zunächst möchte ich bemerken, daß gerade das kleine Werkchen, die «Stimme der Stille» dazu bestimmt ist, als Meditationsstoff zu dienen. Es ist ganz aus *okkultem Wissen* heraus geschrieben. Und okkultes Wissen ist lebendiges Wissen, das heißt, es wirkt als Kraft auf den ganzen Menschen, wenn dieser sich meditierend damit durchdringt. Aber, wie ich schon einmal gesagt habe, es handelt sich dabei nicht um ein verstandesgemäßes Aufnehmen und Zergliedern dieses Wissens, sondern um eine völlige Hingabe an dasselbe. Nur wem es gelingt, das Bewußtseinsfeld für kurze Zeit ganz frei zu bekommen von allen Eindrücken des Alltags und sich ganz und gar für diese Zeit zu erfüllen mit dem Meditationsgedanken, der erhält die Frucht des Meditierens.

Ich möchte nun auf einiges hinweisen, was als okkultes Wissen der «Stimme der Stille» zu Grunde liegt. Aber ausdrücklich muß ich bemerken, daß es sich nicht darum handelt, solches Wissen in den Augenblicken der Meditation in die Sätze der «Stimme der Stille» hineinzuspekulieren, sondern darum, daß man dieses Wissen in Zeiten, die außerhalb der Meditation liegen, sich aneignet. Dann wird dasselbe ein Bestandstück unserer Seele und es wirkt in uns, auch wenn wir es uns nicht in ausführlichen Gedanken während der Meditation auseinanderlegen.

Alle wirklich okkulten Sätze beruhen auf der Erkenntnis der Weltenentwickelung und sind aus dem Wissen heraus geschrieben, das den Menschen im Einklang sieht mit dem Einen All-Leben, das sich in immer neuen Formen auslebt. Der Mensch aber soll sich selbst als eine dieser Formen erkennen. Er soll einsehen lernen, daß die Entwickelungsvorgänge einer langen Vergangenheit in sein Wesen eingeflossen sind, und daß er selbst die Übergangsform zu höheren Zuständen bildet.

So wie der Mensch heute ist, besteht er aus einer Reihe von Körpern, dem physischen, dem astralen, dem unteren Geistkörper, dem höheren

Geistkörper. Und noch höhere Körper sind in ihm vorläufig bloß angedeutet. Nun versteht sich der Mensch erst recht, wenn er weiß, daß die genannten Körper nicht etwa alle in dem gleichen Grade vollkommen entwickelt sind. Denn wenn auch zum Beispiel der astralische Körper als solcher höher steht als der physische, so ist doch der *heutige* astralische Körper des Menschen tiefer stehend als sein physischer Körper. Man muß unterscheiden zwischen Vollkommenheit in seiner Art, und Vollkommenheit an sich. Des Menschen physischer Körper ist heute *in seiner Art* auf einer gewissen Höhe der Vollkommenheit angelangt, und er wird es vollends sein, wenn die gegenwärtige sogenannte «Runde» unserer Erde zu Ende sein wird. Der Astralkörper aber steht heute noch auf einem niederen Grade der Vollkommenheit, und er wird erst in der 5. Runde so weit sein, wie in *seiner Art* der physische Leib schon heute ist. Noch weiter zurück in ihrer Art sind dann die höheren Körper. Man kann deshalb sagen: Der Mensch muß noch viel an sich arbeiten, auf daß seine höheren Körper so organisiert, so durchgebildet werden, wie sein physischer Körper ist. Der Mensch kann heute nicht im wesentlichen so viel an seiner physischen Organisation sündigen wie er an seinen höheren Körpern dies kann. Gewiß, man kann auch seine physische Organisation schädigen; aber das Schädigen der höheren Körper bedeutet noch etwas ganz anderes. Denn diese höheren Körper sind noch in einer Art Embryonalzustand, und wir wirken, indem wir auf sie wirken, auf *Anlagen,* nicht auf Organe, die im Reiche der Natur bis zu einem gewissen Grade ihre fertige Form erlangt haben. Wie wir denken, wie wir empfinden, fühlen und wünschen, so organisieren wir unsere höheren Körper. Wir tun das in der gleichen Art, wie es Naturkräfte vor lange hinter uns liegenden Zeiträumen taten, als sie aus niederen Gebilden unsere physischen Organe, unsere Lunge, Herz, Augen, Ohren und so weiter bildeten. Als Fortsetzer der Natur auf den höheren Planen (Ebenen) haben wir uns anzusehen. Daß wir unsere Gedanken, Wünsche, Empfindungen, Gefühle so lenken, damit *wir* selbst unsere höheren Körper in der Art organisieren, wie die Natur unseren physischen Körper organisiert

150

hat: dazu sind solche Anleitungen wie die «Stimme der Stille». Und wir bringen uns in die rechte Entwickelungsrichtung, wenn wir in der Meditation solche Sätze auf uns wirken lassen. Denn diese Sätze sind eben geistige Naturkräfte, die uns leiten, und durch die wir uns selbst leiten. Leiten wir uns durch sie, dann organisieren sich unsere höheren Körper, und wir erhalten Sinnes- und Tatorgane für die höheren Plane, wir werden sehend, hörend und handelnd auf diesen höheren Planen, wie wir durch die Naturkräfte sehend, hörend und handelnd auf dem physischen Plan geworden sind. Es ist einzusehen, daß bei solcher Entwickelung «Gefahren» vorhanden sind. Die sogenannten niederen Seelenkräfte bilden diese Gefahren, wenn nicht die geistige Kraft in die entsprechende Richtung gelenkt wird. Um diese Richtung zu erzielen, ist «Stimme der Stille» geschrieben.

Es ist *auch* eine Gefahr für den Menschen, wenn er sich ein unrichtiges Gefühl für den Satz aneignet, daß die «äußere Welt» eine bloße Scheinwelt ist. Das ist gewiß in einer Richtung wahr. Aber der Mensch ist nicht dazu berufen, sich von dieser «äußeren Welt» zurückzuziehen und sich in höhere Welten zu flüchten. Wir sollen in die höheren Welten uns Einblick verschaffen; aber wir sollen uns klar darüber sein, daß wir in diesen höheren Welten die *Ursachen* suchen sollen für *Wirkungen,* die in *unserer* physischen Welt zur Zeit liegen. Wir sollen uns stets vorhalten, daß wir in unseren eigenen Geist uns zu vertiefen haben. Durch solche Vertiefung lernen wir den Geist verstehen, der außer uns durch jedes Blatt, durch jedes Tier, durch jeden Menschen zu uns spricht. Aber falsch wäre es, wenn wir den Geist suchten und seine Organe mißachteten, und die Organe des Geistes sind die Erscheinungen und Vorgänge *dieser* Welt. Die Antriebe, die Motive zum Wirken in dieser Welt sollen wir von höheren Planen holen; das Wirken selbst muß zwischen Geburt und Tod in *dieser* Welt liegen. Wir sollen die Welt nicht verachten, sondern lieben; aber wir sollen sie nicht lieben so, wie sie den bloßen physischen Sinnen erscheint, sondern wir sollen täglich, stündlich lernen, wie sie ein *Ausdruck* des Geistes ist. Überall suche man im Sinne des dritten Satzes der «Stimme der Stille» den auf höherem Plane liegenden «Hervorbringer». Gewiß, dadurch wird die Sinnenwelt zur Scheinwelt. Aber nur insofern, als der Mensch sie gewöhnlich ansieht. Zum Beispiel: Wir sehen einen Verbrecher. So wie einen solchen die meisten Menschen ansehen, so sehen sie nur *Schein*. Wir lernen das Wahre an dem Verbrecher kennen, wenn wir mit einem Blick ihm gegenübertreten, der an den höheren Welten geschärft ist. Wenn wir tief hineinschauen in das Weltgetriebe, dann ändern sich alle unsere Gefühle, alle unsere Empfindungen gegenüber der uns umgebenden Wirklichkeit. Und durch solche Erkenntnis werden wir tüchtig für die wirkliche Welt, in der wir leben. Wir müssen immer mehr und mehr einsehen, daß wir viel weniger zunächst dazu berufen sind, die Welt zu korrigieren, als unsere Schein-Ansichten von der Welt zu korrigieren. Erst dann können wir bessernd in die Welt eingreifen, wenn wir uns selbst dadurch gebessert haben, daß wir von falschen zu wahren Ansichten uns durchgerungen haben. Deshalb steht in der «Stimme der Stille»: «Nur dann, erst dann, wird sich das Gefühl verschließen dem Reich des Falschen und öffnen dem Reich des Wahren, wenn der Mensch nicht mehr die vielen Wesenheiten des Scheins als solche wahrnimmt, sondern den Blick richtet auf das Eine Wahre.»

Der «schaffende Geist» wirkt außen um uns; aber der «schaffende Geist» wirkt auch in unserem Innern. Die äußere Welt wird uns diesen schaffenden Geist immer offenbaren, wenn wir den «silbernen Faden« erhalten, der uns selbst an den schaffenden Geist bindet. Wir sollen deshalb hinhorchen auf alles, was an unser Ohr dringt, wir sollen hinschauen auf alles, was vor unser Auge sich stellt: aber niemals sollen wir uns dirigieren lassen von außen, sondern klar sollen wir uns sein, daß im Innern der Erklärer, der Dirigent ist, der uns alles Äußere in das richtige Licht stellt. Durch das Zerreißen des «silbernen Fadens» im Innern machen wir selbst die äußere Welt zur Scheinwelt, die uns dann auf Schritt und Tritt trügt; durch Aufrechthalten der inneren Verbindung mit dem Quell des Geistes ergießt sich für uns auch all das Licht des Wahren über die Außenwelt.

Im eigenen Geiste müssen wir forschen: dann erschließt sich uns der Geist der Welt. Es wird gewöhnlich nicht angenommen, daß dies der Weg ist zum Schauen in höheren Welten. Doch er ist es. –

Die «Hallen» in der «Stimme der Stille» sind wirkliche Erlebnisse der Selbsterkenntnis des Menschen.

Es kommt darauf an, daß wir uns die hiermit bezeichneten Stufen klar vor die Seele führen. Nicht darum kann es sich handeln, daß wir verstandesgemäß erfassen, welcher Sinn mit diesen «Hallen» gemeint ist. Wir müssen diesen Sinn *erleben*. Das Verstehen ist das wenigste; und dieses Verstehen erschließt auch keine höheren Kräfte. Aber, auch wenn wir glauben längst verstanden zu haben, immer wieder und wieder *leben* in diesem Sinn: das erschließt. Erfahrene Okkultisten wissen, daß Verstehen der okkulten Lehrsätze gar nichts ist. Deswegen wird jeder Okkultist immer wieder und wieder das längst Verstandene in sich leben lassen. Und kein wirklicher Okkultist darf es versäumen, *täglich* mit den wichtigsten und einfachsten Wahrheiten meditierend zu leben. Das gibt ihm nicht Wissen im weltlichen Sinne: das gibt ihm *Kraft* und *Leben* im okkulten Sinne. Wie man ein Kind liebt, das man doch täglich vor sich hat und ganz genau kennt, so liebt der Okkultist die Wahrheiten und muß täglich mit ihnen beisammen sein, mit ihnen *leben*. Okkultes Wissen ist deshalb verschieden von allem äußeren Bildungswissen der bloßen Zivilisation. Dieses hat man einmal, man ist, sozusagen, mit dem *Verständnis* fertig. Nicht so mit dem okkulten Wissen. Man hat es immer wieder in seiner lebendigen Umgebung, auch wenn man es kennt, wie man ein Kind liebevoll umschließt, auch wenn man es längst kennt.

Die «erste Halle» macht uns klar, daß unser gewöhnlicher Standpunkt derjenige der *Unwissenheit* ist. Und Unwissenheit muß unser Teil bleiben, wenn wir bei dem stehen bleiben, was uns, sozusagen, durch die Natur selbst zugefallen ist. Auch alles äußere Wissen ist ja nur ein Sammeln dessen, was die Unwissenheit ergibt. Solange wir uns nicht klar darüber sind, daß wir bei vielem Wissen doch in Unwissenheit verharren können, so lange ist uns wahre Weisheit, ist uns überhaupt Fortschritt unmöglich. Es kommt darauf an, daß wir uns lebendig mit der Gesinnung durchdringen, daß wir «Lernende» sein sollen. Das Leben muß uns mit jedem Schritte eine Schule sein. Dann erleben wir das Leben in der *zweiten Halle*. Unser ganzes Verhältnis zur Welt ändert sich unter dem Einflusse solcher Gesinnung. Wir haben dann den Glauben, daß wir von *allem* lernen können, das uns entgegentritt. Wir werden Schüler des All-Einen Lebens, das sich uns fortwährend offenbart. Und so erst lernen wir lieben; lieben das All. So schmilzt die in das *enge* Selbst gebannte Absonderungssucht dahin; so lernen wir: nicht stehen zu bleiben beim Schmerz und bei der Freude, sondern uns von Schmerz und Freude unterrichten zu lassen. So bringen wir es dahin, zu verstehen, daß unser eigener Organismus ein Auffassungsorgan für die ganze Welt ist. Wir sehen ein, daß unser eigentliches Selbst gar nicht mit diesem Organismus identisch ist; wir lernen uns als Werkzeug betrachten, durch das die Welt auf unser höheres Selbst, und dieses höhere Selbst auf die Welt wirkt. Wir werden dann aber auch bald finden, daß dieses höhere Selbst ein Glied ist im Geister-All-Organismus, uns als Pfand anvertraut, so daß wir als *Sendboten* des göttlichen All-Willens uns betrachten können. Wir fühlen uns immer mehr als Missionare des großen Weltengeistes. Und fühlen wir *so*, dann spüren wir etwas von der Atmosphäre der *«Halle des Lernens».* – Dann aber können wir auch aufsteigen zu dem Gefühle davon, was die dritte Halle, die der *«Weisheit»* ist. Wir erleben den Zusammenhang mit dem Allgeiste und werden gewahr, daß das höchste Wissen in unserem Innern uns zuströmt. Wir fangen an, uns diesem Strome überlassen zu dürfen. Die Pforten der Inspiration öffnen sich uns. Wir werden uns selbst im wahren Sinne leiten, nicht durch die Anstöße der Außenwelt geleitet werden. Wir werden auf diese Art *wiedergeboren.* Denn, wie wir vorher ein Kind der Welt waren, so werden wir jetzt ein Kind des Geistes. Der Geist im Innern weist uns die Wege. Eine unendliche Sicherheit und Ruhe kommt über uns; aller Erfolg entscheidet nichts über unser Tun, sondern allein der Hinblick auf das Richtige. Und dieses Gefühl innerer Sicherheit eröffnet den Blick in die Halle der Seligkeit. Und da ertönen dann die *sieben* Stimmen.

Selbst haben – wie alle okkulten Wahrheiten – diese sieben Stimmen eine siebenfache Deutung. Und immer mehr steigen wir hinan zu der höchsten Deutung, die eigentlich keine Deutung mehr, sondern geistige Wirklichkeit ist. Aber man muß *lebend in sich* die folgenden Deutungen meditierend sich erschließen, dann offenbaren sich höhere Deutungen und zuletzt Wirklichkeiten.

Zunächst die erste (symbolisch-allegorische) Deutung.

1.) Lebendig empfinden, und sich versenkend in diese lebendige Empfindung, sich immer erneuern das Gefühl muß man, daß die Welt, wie man sie *zunächst* ansieht, Außenwerk, Scheinwelt ist. In den lebendigen Glauben muß man sich versenken, daß diese Welt die Wahrheit uns selbst immer mehr offenbaren wird, wenn wir uns in uns selbst versenken. Nicht leicht kann uns ja werden, uns ganz mit einer solchen Stimmung zu durchdringen. Denn wir dürfen ja nicht vergessen, daß diese Welt doch die unsrige ist, daß wir ja diese Welt doch zu lieben berufen sind. Würde es uns ganz leicht, Abschied zu nehmen von der Art, wie wir in der Welt leben, dann wäre dieser Abschied kein Opfer. Dann suchten wir eine neue Art zu leben nur so auf, wie wir von Abwechselung zu Abwechselung im gewöhnlichen Leben eilen. Deshalb muß die Stimme, die in diesem Augenblicke des Abschieds zu uns spricht, sein der süße Nachtigallengesang; es muß hier vorhanden sein ein wirkliches Abschiednehmen von den *Scheingefühlen des Lebens.* Können wir uns oft Augenblicke lang von solcher Stimmung durchdringen, dann steigen wir aufwärts die Stufenleiter mystischer Vervollkommnung.

Und wir können in den Dingen dieser Welt die *zweite Stimme* vernehmen. Disharmonisch klingt ja die Welt an uns, solange wir in den Scheingefühlen leben. Wir urteilen, wir kritisieren, weil wir an der *Oberfläche* der Dinge die Mißklänge vernehmen. Aber dämpfen wir die Wahrnehmung für die Mißklänge, dämpfen wir Urteil und Kritik; und wir vertiefen uns in einen Einklang am Grunde der Dinge. Wir lernen selbst das Böse verstehen. Wir lernen erkennen, daß das Böse eine Kraft ist, die am unrechten Orte sich geltend macht. Wäre sie am rechten Orte, so wäre sie gut. Und so verwandelt sich auf dem Grunde der Dinge das vorher als Mißklang Erscheinende in Harmonie. Nicht urteilend, nicht kritisierend hören und verstehen macht, daß der zweite Ton aus der Stille heraus zu uns klingt. Jeder Okkultist weiß, daß es ihm unendlich geholfen hat, überall zu verstehen gesucht zu haben, kritiklos, mitleidvoll zu verstehen; und dann ertönte ihm die silberne Cymbel, die nur übertönt wird von dem, was ein äußerliches Hören von der Oberfläche der Dinge vernimmt.

«Höre *in* die Dinge hinein», so fordert uns der Okkultist auf. Vergleichst du ein Ding mit dem andern, dann magst du wohl das eine vollkommen, das andere unvollkommen finden. Aber nicht solcher Vergleich soll dir sagen, was an dem Dinge ist, sondern der *dritte Ton*, der in jedem Dinge verborgen ist wie der Ton in der Meeresmuschel. Das Häßliche in der Natur, das Verkehrte im Leben, das Verderbte im Menschen lernst du nicht verstehen, indem du das eine mit dem andern vergleichst, sondern wenn du auf das verborgene Eigen-Innere eines jeden Dinges und Wesens selbst hörst. Gehe in die Stille, wo nichts sich dir aufdrängt, was zum Vergleiche auffordert, und sei mit jedem Wesen geistig *allein*, dann offenbart dir die «Stille» den dumpfen Ton in jedem Dinge und Wesen.

Und nach solcher Übung lagert sich Ernst über unser ganzes Wesen und Würde. Wir lernen die Welt in ihrem Ernste und ihrer Würde begreifen. Es muß etwas in uns rege werden, was uns *allen* Dingen gegenüber voll ernst empfinden läßt. Dies ist der Moment, wo sich uns offenbart, wie alles ein Ausdruck des würdigsten Ganzen ist. Wir gewöhnen uns von dem Kleinsten aus aufzublicken zu dem Unendlichen, weil uns auch dem Kleinsten gegenüber nicht der Gedanke verläßt, daß es ein Ausdruck der Sprache des Alls ist, die in ruhigster Würde zu uns spricht. Diese Empfindung lebendig in unserer Meditation erfaßt, gibt den vierten Ton.

Dann aber, wenn wir uns also vorbereitet haben, dann fangen die

Geistwesen in der Welt für uns zu tönen an; dann erklingt es wie Trompetenton, denn uns wird nicht mehr das Geheimnis eines einzelnen Dinges erklingen, sondern der Ton des Alls selbst. Lassen wir den Geist der Welt nur zu uns sprechen, so tönt er aus allen Dingen zu uns; aber nicht mehr als der einzelne Ton dieser Dinge, sondern als die Harmonie des Alls. Das ist der fünfte Ton.

Und dieser Ton vermag sich zu steigern. Er dringt für uns von Wesen zu Wesen. Er macht uns die Geheimnisse der Welt offenbar. Haben wir begriffen, daß alles die Offenbarung des Einen Geistes ist, dann können wir uns dieser Offenbarung ganz hingeben. Die Welt stellen wir uns so vor als Geistton überall herdringend und überall einen Widerhall findend. Das ist die sechste Stimme.

Wir sollen uns zum geistigen, meditativen Erleben der damit angedeuteten Vorstellungen bringen. Still mit uns sollen wir sein, ganz still, und uns die Bilder, mit denen in der «Stimme der Stille» die Töne charakterisiert sind, lebhaft vorhalten, so daß wir mit dem geistigen Ohr imaginativ darauf hinhören. Und dabei sollen wir uns erfüllen mit solchen Gedanken, wie sie von mir hier zur Exegese der Töne gegeben sind. Nicht spekulativ, sondern im lebendigen Fühlen. Dann meditieren wir richtig und fruchtbar.

Und zuletzt lassen wir alle Offenbarungen der sechs Töne zusammenklingen in einen. Denn wir sollen nicht in *einem* Verhältnisse zur Welt verharren, sondern allseitig sein. Und wer schon die sechste Stimme vernimmt, muß wieder zurückkehren zur ersten, zur zweiten und so weiter. Nur wenn wir das Einzelne ebenso lieben, wie den Zusammenklang im Ganzen, nähern wir uns der Vollkommenheit.

Aus: DIE STIMME DER STILLE

von H. P. Blavatsky

Dieser Unterricht ist für diejenigen, welche die Gefahren nicht kennen, die dem Menschen aus seinen niederen Seelenkräften erwachsen.

Wer die Stimme des Geistes außer sich vernehmen will, der muß das Wesen seines eigenen Geistes erst verstehen.

Wenn der Lernende die äußere Wahrnehmungswelt nicht mehr als die Hauptsache betrachtet, so muß er den Erzeuger dieser Wahrnehmungen suchen, den Hervorbringer der Gedanken, den, welcher die Sinnenwelt zur Scheinwelt macht.

Durch denkendes Vertiefen in sich wird der Schein des Wirklichen durchschaut in seiner Nichtigkeit.

So soll der Lernende den Schein von sich streifen.

Denn:

Wenn er den Schein als Eigenschaft des Wirklichen erkannt hat, dann wird er erkennen, was an ihm selbst Schein ist, so wie man erkennt, daß Traum Traum ist, und nicht Wirklichkeit, sobald man erwacht,

wenn er nicht mehr die vielen Wesenheiten des Scheins als solche vernimmt, dann wird sein Blick auf das *Eine* Wahre gerichtet.

Nur dann, erst dann, wird sich sein Gefühl verschließen dem Reiche des Falschen und öffnen dem Reich des Wahren.

Bevor die Seele sehen kann, muß der innere Friede erlangt sein, und die fleischlichen Augen müssen schweigsam geworden sein mit ihren Aussagen.

Bevor die Seele hören kann, muß des Menschen Scheinbild taub geworden sein für das Laute und das Leise, für das gellende Gebrüll der Hunde, wie für das Summen der Fliege.

Bevor die Seele den Geist schauen und sich an seine Taten erinnern kann, muß sie geeint sein mit dem, was geistig spricht und sinnlich schweigt, so wie der Ton des Töpfers ablassen muß von den Kräften, die ihm von Natur aus eigen, und wenn er zum Gebilde werden soll, sich einen muß dem Geiste des Töpfers. Dann wird die Seele hören und begreifen:

Die Stimme der Stille

und sagen:

Wenn Deine Seele lächelt, während sie sich bewegt im Sonnenlichte des Lebens – wenn deine Seele singt in ihrem Hause von Fleisch und Stoff – wenn deine Seele weint in ihrer Schale von Schein – wenn deine Seele abgerissen hat den silbernen Faden, der sie bindet an den schaffenden Geist, dann, o Lernender, gehört sie der Erde;

wenn deine Seele auf den Lärm des Tages hinhorcht, – wenn deine Seele sich erfüllt mit dem Brausen der großen Scheinwelt, – wenn deine Seele beim Schreien des Jammers in sich selbst flieht gleich der Schildkröte, die sich furchtsam dem Eindruck von außen entzieht, dann ist deine Seele ein unwürdiges Haus des Geistes.

Wenn aber, stärker geworden, deine Seele der stofflichen Behausung sich entwindet, und diese verlassend, den silbernen Faden weiter bildet, aber nur sich selbst, ihren eigenen Schein, an ihn bindet, dann ist sie im schlimmsten Scheine befangen.

Die Stoffwelt, o Lernender, ist die Stätte der Verführung; sie führt dich auf einen Weg schwerer Prüfungen; sie verlockt dich zum Glauben, daß dein Schein-Ich dein wahres Ich sei.

Diese Stoffwelt, o Lernender, ist nur ein Eingang zum Lichte, eine Vorbereitung zur Stätte des wahren Lichtes, zu jenem Lichte, dessen Schein kein Sturm verlöscht und das leuchtet ohne Docht und Öl.

Die hohe Stimme des Geistes spricht:

Willst du das Selbst der Welt leuchtend schauen: du mußt erst das glimmende, gleißende Lichtlein deines eigenen Selbstes schauen. Um diese Erkenntnis zu erlangen, mußt du das Schein-Selbst als Nicht-Selbst durchschauen, dann kannst du ruhen in den Armen des Allwesens. In diesen Armen wartet deiner ein Licht, das nicht auf Geburt und Tod seinen Schein wirft, sondern auf das, was durch Ewigkeiten lebt: *Aum.*

Ergebe dich in die Arme des Allwesens, wenn du wissend werden willst. Stirb und werde.

Drei Hallen, o scheinbedrückter Wanderer, führen dich an das Ende deiner Bedrücktheit. Drei Hallen, o du Überwinder der Scheinwelt, werden dich durch drei Zustände in einen vierten heben, und dann in die sieben Welten, in die ewige Stätte der Gottseligkeit.

Wenn du ihren Namen wissen willst, so merke:

Der Name der ersten Halle ist *Unwissenheit.*

Das ist die Halle, in der du geboren bist, in der du lebst und sterben wirst.

Der Name der zweiten Halle ist der des *Lernens.* In ihr wird deine Seele des Lebens Blüten kennen lernen; aber in jeder Blüte lauert eine **Schlange** der Verführung.

Der Name der dritten Halle ist *Weisheit;* hinter ihr breitet sich das grenzenlose Leben des Allgeistes, der Quelle des Allwissens.

Willst du die erste Halle sicher durchschreiten, so lasse deine Seele nicht dadurch täuschen, daß du das Feuer der Lust und Begierde, das in ihr brennt, zum Sonnenlichte deines Lebens machst.

Willst du die zweite Halle sicher durchschreiten, so bleibe nicht stehen, um der Selbstsucht Wohlgerüche zu atmen. Willst du frei sein von den

Ketten, welche dich der Welt einschmieden, suche nicht in der Scheinwelt des niederen Selbst deinen Führer.

Die Weisen entziehen sich den Lockungen der Sinnenwelt.

Die Weisen horchen nicht auf die verführenden Stimmen der Scheinwelt.

Nur wenn du in der Halle der Weisheit deine Wiedergeburt suchst, findest du das Licht, das kein Schatten trübt, und das in nie abnehmender Stärke leuchtet durch die Ewigkeiten.

Suche du, was unerschaffen in dir lebt; du findest es in dieser Halle. Wenn du es in rechtem Lichte schauen willst, und eins mit ihm werden willst, so mußt du den Trug des Scheins durchschauen. Dämpfe, was die im Fleisch wohnenden Sinne sprechen, gestatte keinem Bilde, das dir die Sinne formen, sich hinzustellen zwischen dich und dies Licht; dann nur kannst du eins mit ihm werden.

Und wenn du den Trug deines Sinnenschauens erkannt hast, gehe hinweg da, wo nur gelernt wird. Die Halle des Lernens ist voller Gefahren in ihrer lockenden Schönheit; die ist die Stätte deiner Prüfungen.

Hüte dich, indem du an der Stätte des Schein- und Wahn-Ich zögerst, festgehalten zu werden in der Blendung.

Dieses Licht des Wahn-Ich leuchtet aus dem Wesen des Verführers. Er hält dich in der Sinnenwelt befangen; er lügt deinem Verstande den Sinnenwahn als Wahrheit auf, und in den Wahn wird der Verführte wesenlos geschleudert.

Der Schmetterling wird hingezogen zu der leuchtenden Flamme deiner Nachtlampe und stirbt am unreinen Öl. Die verführte Seele, die im Schein verschlungen bleibt, muß zurückkehren zum Stoffe, den der große Verführer vom Wahn zur Wahrheit umtäuscht.

Blicke hin auf die Menge der Seelen. Erkenne, wie sie schweben über der stürmischen See der menschlichen Lebenswoge, und wie sie, scheinverfallen, lichtgeblendet, kraftverloren, eine nach der andern hineinsinken in die stürmende Flut. Hin- und hergeworfen von den sinnerschaffenden Winden, erregt von den begehrlichen Stürmen wilder Triebe, fallen sie in die wesenlosen Wellen, und werden von dem nichtigen Wirbel verschlungen.

Willst du durch die Halle der Weisheit in das Tal der Seligkeit dich versetzen, o Schüler, schließe deine Sinne, die dir den trügenden Schein vieler Dinge vorhalten, und dich sondern von den Dingen, in welchen der Allgeist wohnt wie in dir selbst, und dir in deiner Absonderung die Ruhe nehmen.

Laß nicht den himmlisch Geborenen in dir versinken in die Fluten des Scheins und sich abkehren von seinen ewigen Vorfahren, sondern laß die feurige Gewalt still werden durch Einkehr in die innerste Kammer, die Herzenskammer, die Wohnung der Weltenmutter.

Dann wird aus dem Ganzen jene Kraft in das sechste, das mittlere

Reich, ziehen, in den Raum zwischen deinen Augen. Da wird dann ausfließen der Allseele Kraft, die das All durchklingende Stimme, die Stimme des schaffenden Geistes.

Dann kannst du werden Einer, der über der Sinnesweltenwoge hingleitet, und dessen Sohlen nicht die Wasser des Scheins benetzen.

Bevor du deinen Fuß auf die obersten Leiterstufen setzen kannst, auf die Leiter der mystischen Töne, mußt du des inneren Gottes Stimme *siebenfältig* ertönen hören.

Die erste Stimme klingt wie süßer Nachtigallenklang, einen milden Abschied singend den Scheingefährten deiner frühern Welt.

Die zweite Stimme spricht gleich dem Tönen einer silbernen Cymbel von den Harmonien der weltlenkenden Wesen.

Die dritte ist ein melodischer Klagegesang, dumpf wie der gefangene Ton in der Meeresmuschel.

Wie der Laute Ton, ernst und würdig, klingt die vierte Stimme.

Die fünfte schmettert wie der Klang der Pfeifen aus Bambusrohr, bis zum Trompetengetose steigert sie sich.

Wie tobender Donner in der Felsenschlucht durchstürmt dich die sechste Stimme.

Im siebenten Ton ersterben alle andern Töne. Unvernehmbar sind sie in sein Wesen erflossen.

Wenn die sechs Stimmen also erstorben sind, und sich hingeworfen haben zu des Meisters Füßen; dann erst ist der Schüler eins geworden mit dem *Einen;* er lebt in ihm und es in ihm.

Bevor du diesen Weg betreten kannst, mußt du erlöschen alle Glut deiner Triebe; die begehrlichen Gedanken mußt du reinigen, und dein Herz mußt du in Keuschheit tauchen.

Die reinen Flutwellen des ewigen Lebens, die durchsichtig sind wie Kristall, dulden keine Vermengung mit dem trübsinnlichen Gewoge der niedern Welt.

Der Tau des Himmels im Busen der Lotosblume, urglänzend im ersten Morgensonnenstrahl, wird zur Erde fallend selbst ein Stück Erdenstaub; ein schmutziges Tröpfchen ist die edle Perle geworden.

Lösche deine begierdeschweren Gedanken, damit der Begierde Druck dich in deinen Gedanken nicht unterliegen läßt. Gebare du mit ihnen begierdelos, wie sie triebbegabt mit dir gebaren würden; denn wenn du sie ungelöscht brennen läßt, so wisse, daß du dich selbst in Begierde entzünden und dein Ich töten. Lasse der triebträchtigen Gedanken Spiegelbild auch nicht an dich herankommen. Denn diese Schatten werden wachsen; Größe und Kraft gewinnend, werden sie dein Wesen in ihre Fangnetze schlingen, bevor du das volle Bewußtsein erlangt hast von ihrer widerwärtigen Gegenwart.

Bevor die mystische Kraft den Gott in dir wecken kann, mußt du vermögen, das Begierdefeuer in dir zu löschen.

Des Stoffes Selbst und des Geistes Selbst können sich niemals treffen. Wenn der eine in dir leuchten soll, muß der andere in der Finsternis stehen; nicht für beide hast du Raum.

Bevor deiner Seele Geisteskraft das innere Licht vernehmen kann, muß der Wahn der Persönlichkeit getilgt sein, der Wurm des Sinnenscheins auf immer getötet sein.

Ehe du dich nicht zum Pfade hinopferst, kannst du den Pfad nicht wandeln.

Wie der Lotuskelch sein Herz der leuchtenden Morgensonne öffnet, so lasse du deine Seele offen sein, wenn der Allgeist aus der leidenden Kreatur dich ruft.

Laß von dem Sonnenfeuer nicht eine einzige Träne trocknen, ehe du sie genommen hast von der leidenden Kreatur.

Lasse der Geschöpfe Leiden an dein eigenes Herz fallen, und gib ihnen eine Stätte der Ruhe; tilge kein Mitleid in deinem Herzen, bis der Schmerz gelöscht ist, der es geboren hat.

Diese Tränen, o du, dessen Herz ist voll von Opferwilligkeit, sind die Fluten, welche die ewige Liebe leben. Auf diesem Boden wächst der ewigen Liebe Mitternachtsblume, schwerer zu finden und seltener zu sehen, als die Blume des Yoga-Baumes. Hast du sie gefunden, du hast den Ausblick gewonnen in das Reich, das nicht im Sinnenschein gefangen ist.

Sie entledigt den mystisch liebenden Seher von Sinnenkampf und Sinnenlust; sie trägt ihn empor über die Gefilde des menschlich schwachen Daseins zur Stätte des Friedens, wo die göttlich starke Selbstlosigkeit blüht.

. . .

NACHWORT DER HERAUSGEBER

Die hier veröffentlichten Texte entstammen dem Lehrgut der Esoterischen Schule Rudolf Steiners. Diese Schule bestand zehn Jahre, von 1904 bis 1914, das heißt bis zum Ausbruch des Ersten Weltkrieges, durch den ihre Weiterführung verhindert wurde. Während dieser Zeit stand Rudolf Steiner noch innerhalb der damaligen Theosophischen Gesellschaft und gebrauchte die Worte «Theosophie» und «theosophisch», jedoch immer im Sinne seiner von Anfang an anthroposophisch orientierten Geisteswissenschaft. (Vgl. hierüber «Mein Lebensgang», Gesamtausgabe Dornach 1962, Bibl.-Nr. 28). Nach weiteren zehn Jahren, Anfang 1924, ging Rudolf Steiner wiederum daran, eine Esoterische Schule, die Freie Hochschule für Geisteswissenschaft, einzurichten. Ebenso wie die Esoterische Schule aus drei verschiedenen Klassen bestand, sollte auch die Freie Hochschule für Geisteswissenschaft wieder in drei Klassen gegliedert werden: «Bitte, erschrecken Sie nicht vor diesen drei Klassen, meine lieben Freunde! Die drei Klassen waren ursprünglich in der Anthroposophischen Gesellschaft schon da, nur in einer andern Form, bis zum Jahre 1914.»*

Mit dem Beginn der Esoterischen Schule im Jahre 1904 erfolgte auch gleichzeitig die öffentliche Darstellung des Schulungsweges in der Schrift «Theosophie»**, in der Aufsatzreihe «Wie erlangt man Erkenntnisse der höheren Welten?» (1. Buchausgabe 1909), sowie in dem Anfang 1910 erschienenen Werk «Die Geheimwissenschaft im Umriß». Eine Beschreibung der Grundbedingungen für die innere Entwicklung, vor allem der sogenannten Nebenübungen, findet sich auch in diesen Werken, weshalb Rudolf Steiner nach deren Erscheinen für die Nebenübungen dann auf die genannten Werke verweist. Die notwendige Voraussetzung bei allen Übungen wird in der «Geheimwissenschaft», in dem Kapitel: Die Erkenntnis der höheren Welten (Von der Einweihung oder Initiation) hervorgehoben:

---

* Vergl. «Die Weihnachtstagung zur Begründung der Allgemeinen Anthroposophischen Gesellschaft, Jahresausklang und Jahreswende 1923/24», Gesamtausgabe Dornach 1963 und «Die Konstitution der Allgemeinen Anthroposophischen Gesellschaft und der Freien Hochschule für Geisteswissenschaft – Der Wiederaufbau des Goetheanum 1924–1925», Gesamtausgabe Dornach 1966. Beide Bände in der Reihe «Das lebendige Wesen der Anthroposophie und seine Pflege» (Schriften und Vorträge zur Geschichte der anthroposophischen Bewegung und der Anthroposophischen Gesellschaft).

** Diese und die weiteren erwähnten Schriften liegen innerhalb der Gesamtausgabe vor, vgl. die Übersicht auf Seite 175/176.

«... Man sieht aber hieraus, wie notwendig es ist, daß der Mensch nicht den eigenen Eintritt in die geistige Welt verlange, bevor er durch seine gewöhnliche in der physisch-sinnlichen Welt entwickelte Urteilskraft gewisse Wahrheiten über die geistige Welt verstanden hat. Was in diesem Buche vor der Auseinandersetzung über die «Erkenntnis der höheren Welten» mitgeteilt ist, das sollte der Geistesschüler im regelrechten Entwickelungsgange durch seine gewöhnliche Urteilskraft sich angeeignet haben, bevor er das Verlangen hat, sich selbst in die übersinnlichen Welten zu begeben.»

Das Leben innerhalb der Esoterischen Schule gliederte sich in die gegebenen Übungen und in Vorträge, die sogenannten esoterischen Stunden, welche Rudolf Steiner für die Angehörigen der Schule an den verschiedensten Vortragsorten – hauptsächlich Berlin und München – gehalten hat und in denen das Übungsgut erläutert wurde.

Die Übungen bestanden im allgemeinen:
in Meditationsanweisungen für den Morgen und den Abend, genannt «Hauptübungen», verbunden mit der sogenannten abendlichen «Rückschau»; in den sogenannten Nebenübungen, während des Tages auszuführen; in Mantren (Meditationssprüchen), welche zusätzlich gegeben wurden.

Von diesen Übungen waren die «Rückschau», die «Nebenübungen» und verschiedene Mantren, zum Beispiel die Tagessprüche: «Meditationen, die das Zeitwesen der Hierarchien erfassen» oder das Mantram «Im Geiste lag der Keim meines Leibes ...» für alle Schüler gültig. Anders verhielt es sich bei der «Hauptübung», welche immer streng vertraulich gegeben wurde, das heißt nur für den betreffenden Schüler persönlich gültig war.

Diese Hauptübung existiert in verschiedenen Formen, vor allem in den beiden Hauptkategorien: handschriftlich und vervielfältigt. Von den zahlreichen *handschriftlich* gegebenen Anweisungen ist der weitaus überwiegende Teil völlig individuell gestaltet; der andere Teil läßt sich in verschiedene Gruppen mit gleichlautendem Text gliedern, da wohl mit zunehmendem Schülerkreis für viele die gleichen Anfangsbedingungen galten. Am häufigsten finden sich hier die Formeln «Strahlender als die Sonne ...»; «In den reinen Strahlen des Lichtes ...»; «Lichterstrahlende Gebilde ...»; «Standhaft stell ich mich ins Dasein ...».

Die in *vervielfältigter* Form vorliegenden Hauptübungen – welche also in der Schule allgemein oder mindestens einem bestimmten Schülerkreis gegeben worden sind – bestehen entweder in einem für alle gänzlich gleichlautenden Text (siehe die allgemein gegebene Hauptübung II auf Seite 38 f) oder in der Form, daß erst bei Abgabe entweder nur das jeweils auf die Schülerpersönlichkeit abgestimmte «Kraftwort» (wie zum Beispiel in der allgemein gegebenen Hauptübung I auf Seite 35 f), oder auch die Meditationsformel von Rudolf Steiner eigenhändig eingefügt wurde.

Verschiedene Formen der Hauptübung, insbesondere der ganz individuell gestalteten, aber auch einige allgemein bzw. einem bestimmten Schülerkreis gegebenen, sind verbunden mit Atemübungen. Die Angaben zur Atemregelung sind unterschiedlich, jedoch am häufigsten findet sich die in den hier abgedruckten Übungen angegebene Art. Von den esoterischen Übungen, die Rudolf Steiner gesamthaft gegeben hat, sind die weitaus meisten jedoch *ohne* Atemübungen. Vergl. hierzu die nachfolgenden Ausführungen Rudolf Steiners in seinem Werk «Die Geheimwissenschaft im Umriß»; Gesamtausgabe 1962, Seite 371/72:

«Wenn die Übungen für die Intuition gemacht werden, so wirken sie nicht allein auf den Ätherleib, sondern bis in die übersinnlichen Kräfte des physischen Leibes hinein. Man sollte sich allerdings nicht vorstellen, daß auf diese Art Wirkungen im physischen Leibe vor sich gehen, welche der gewöhnlichen Sinnenbeobachtung zugänglich sind. Es sind Wirkungen, welche nur das übersinnliche Erkennen beurteilen kann. Sie haben mit aller *äußeren* Erkenntnis nichts zu tun. Sie stellen sich ein als Erfolg der Reife des Bewußtseins, wenn dieses in der Intuition Erlebnisse haben kann, trotzdem es alle vorher gekannten äußeren und inneren Erlebnisse aus sich herausgesondert hat. – Nun sind aber die Erfahrungen der Intuition zart, intim und fein; und der physische Menschenleib ist auf der gegenwärtigen Stufe seiner Entwickelung im Verhältnisse zu ihnen grob. Er bietet deshalb ein stark wirkendes Hindernis für den Erfolg der Intuitionsübungen. Werden diese mit Energie und Ausdauer und in der notwendigen inneren Ruhe fortgesetzt, so überwinden sie zuletzt die gewaltigen Hindernisse des physischen Leibes. Der Geistesschüler bemerkt das daran, daß er allmählich gewisse Äußerungen des physischen Leibes, die vorher ganz ohne sein Bewußtsein erfolgten, in seine Gewalt bekommt. Er bemerkt es auch daran, daß er für kurze Zeit das Bedürfnis empfindet, zum Beispiel das Atmen (oder dergleichen) so einzurichten, daß es in eine Art Einklang oder Harmonie mit dem kommt, was in den Übungen oder sonst in der inneren Versenkung die Seele verrichtet. Das Ideal der Entwickelung ist, daß durch den physischen Leib selbst gar keine Übungen, auch nicht solche Atemübungen gemacht würden, sondern daß alles, was mit ihm zu geschehen hat, sich *nur* als eine Folge der reinen Intuitionsübungen einstellte.»

Im Jahre 1947, 33 Jahre nach dem Aufhören der Esoterischen Schule durch den Ersten Weltkrieg und zwei Jahre nach der Beendigung des Zweiten Weltkrieges, ging Marie Steiner daran, auf Bitten von Mitgliedern der Anthroposophischen Gesellschaft, die wesentlichsten Inhalte aus der Esoterischen Schule zu veröffentlichen, um den damals zahlreich in Erscheinung tretenden Publikationen östlicher Schulungspraktiken (Yoga u. a.) etwas aus der europäischen Schulungsmethode Rudolf Steiners entgegenzusetzen: «Nun wollte ich durch das Vorhandensein solcher vorsichtigen und von Dr. Steiner persönlich gegebenen Ratschläge dafür sorgen, daß aus der Rosenkreuzer-strömung heraus etwas gegeben werden kann, was der Zeit mehr entspricht als die tibetanischen und indischen dekadenten Methoden ... Ich denke mir, daß man besonders in Deutschland so etwas brauchen würde als Gegenstück zu den tibetanischen und amerikanischen Atmungsrezepten.» (Marie Steiner, Brief vom 1. Februar 1948.) Ein erstes Heft erschien 1947, ein zweites 1948 und ein drittes Heft, an dessen Gestaltung sie noch kurz vor ihrem Tode arbeitete, erschien im Jahre 1951. Da mit diesen drei Heften die wesentlichsten, vor allem innerhalb der Esoterischen Schule allgemein gegebenen Übungen durch Marie Steiner veröffentlicht waren, wurde die von ihr vorgenommene Zusammenstellung in dieser Neuausgabe lediglich durch einiges Ergänzende erweitert und etwas umgruppiert.

Die Texte wurden auf Grund sämtlicher zur Verfügung stehenden Unterlagen neu geprüft; die geschriebenen mit den Handschriften – soweit sie im Archiv vorliegen – genau verglichen. Hinsichtlich der Textbewertung ist jedoch zu beachten, daß es bei den esoterischen Stunden nicht gestattet war, nachzuschreiben. Alle solche heute vorhandenen Aufzeichnungen sind hinterher aus dem Gedächtnis von verschiedenen Teilnehmern niedergeschrieben worden. Eine Ausnahme bildet die von Rudolf Steiner selbst schriftlich zusammengefaßte Stunde in Berlin vom 24. Oktober 1905. Bei allen anderen Aufzeichnungen solcher Stunden sind aus diesem Grunde Fehlermöglichkeiten von vornherein in Rechnung zu stellen.

H. W.

HINWEISE

Werke Rudolf Steiners, welche in der Gesamtausgabe (GA) erschienen sind, werden in den Hinweisen mit der Bibliographie-Nummer angegeben.

zu Seite

9 *Die Aufgabe der Geisteswissenschaft:* Die Notizen von diesem Berliner Vortrag ohne Datum, vermutlich aus dem Jahre 1903 oder 1904, stammen von Marie Steiner-von Sivers.

Wort Hegels: Wörtlich «Der tiefste Gedanke ist mit der Gestalt Christi, mit dem Geschichtlichen und Äußerlichen vereinigt, und das ist eben das Große der christlichen Religion, daß sie bei aller dieser Tiefe leicht vom Bewußtsein in äußerlicher Hinsicht aufzufassen ist und zugleich zum tieferen Eindringen auffordert. Sie ist so für jede Stufe der Bildung und befriedigt zugleich die höchsten Anforderungen.» Aus «Vorlesungen über die Philosophie der Geschichte». Dritter Abschnitt, 2. Kapitel: Das Christentum, 9. Band, S. 403 der vollständigen Ausgabe, 3. Auflage Berlin 1848.

jenes alte Buch: Bezieht sich auf die Geometrie des Euklid.

15 *Allgemeine Anforderungen...:* Unter dieser Bezeichnung wurden die sogenannten Nebenübungen von Rudolf Steiner im Oktober 1906 zur Vervielfältigung niedergeschrieben, nachdem sie bereits kurz vorher in dem Vortragszyklus «Vor dem Tore der Theosophie» (Stuttgart August/September 1906), GA 95, besprochen worden waren. Die erwähnte persische Legende über den Christus Jesus (auf Seite 18) findet sich in Goethes «Noten und Abhandlungen zu besserem Verständnis des West-östlichen Divans – Allgemeines».

22 *Weitere Regeln in Fortsetzung der «Allgemeinen Anforderungen»:* Dieser Text wurde von Rudolf Steiner ebenfalls zur Vervielfältigung ca. 1907 niedergeschrieben. Die Überschrift lautete damals: «Regeln für alle diejenigen, welche sich bereits befleißigt haben, diejenigen Forderungen zu erfüllen, welche in dem ersten Zirkular (Lektionen) an sie gestellt worden sind.»

26 *Für die Tage der Woche:* Für die vorliegende Ausgabe wurde eine andere Textvorlage verwendet als für den Abdruck in Heft III «Aus den Inhalten der Esoterischen Schule», Dornach 1951, zur Verfügung stand. Eine Originalniederschrift Rudolf Steiners liegt hierfür im Archiv jedoch nicht vor. Vgl. zu diesen Übungen das Kapitel «Über einige Wirkungen der Einweihung» in «Wie erlangt man Erkenntnisse der höheren Welten?» (1904/05), GA 10, sowie den Vortragszyklus «Das Lukas-Evangelium» (Basel 1909), GA 114, 3. Vortrag.

31 *Die zwölf zu meditierenden und im Leben zu berücksichtigenden Tugenden:* Diese Bezeichnung und die Übertragung der vermutlich von H. P. Blavatsky in englischer Sprache gegebenen Monatstugenden ins Deutsche und die Erweite-

rungen («wird zu…») stammen von Rudolf Steiner. In bezug auf die Übertragung der englischen Angaben ins Deutsche bestehen in der Überlieferung einige Varianten, welche zur Kennzeichnung in Klammern gesetzt wurden. Eine Originalunterlage liegt im Archiv jedoch nicht vor. Erstdruck in dieser Ausgabe.

35 ff. *Zwei allgemein gegebene Hauptübungen:* Diese allgemein oder mindestens einem Schülerkreis gegebenen Hauptübungen wurden vermutlich zusammen mit den Nebenübungen «Allgemeine Anforderungen…» im Oktober 1906 zur Vervielfältigung niedergeschrieben. Für Übung I liegt die Handschrift vor, für Übung II – Erstdruck in dieser Ausgabe – nur eine Vervielfältigung. Die für Übung I beim Abdruck in Heft I von «Aus den Inhalten der Esoterischen Schule» gegebene Bezeichnung «Inhalt einer einzelnen esoterischen Stunde» beruhte auf einem Versehen.

38 *Das vorige Mantram etwas individualisiert:* Hierfür diente schon Marie Steiner für den Erstdruck eine Handschrift von Johanna Mücke, der Geschäftsführerin des Philosophisch-Anthroposophischen Verlages, welche vermutlich diesen Wortlaut persönlich von Rudolf Steiner erhalten hatte.

40 *Alkohol ist absolut zu meiden:* Diese Forderung galt in der Esoterischen Schule ganz allgemein und wurde nur in der ersten Zeit erwähnt; später war sie selbstverständlich.

41 *Erklärungen zu den beiden vorhergehenden allgemein gegebenen Hauptübungen:* Hier handelt es sich nicht – wie in der Ausgabe 1968 angenommen wurde – um Notizen von einer esoterischen Stunde, sondern wie seither festgestellt werden konnte, um eine *Niederschrift* Rudolf Steiners, von deren Manuskript sich ein Blatt gefunden hat. Der Text wurde vermutlich gleichzeitig mit den allgemein gegebenen Hauptübungen 1906/07 niedergeschrieben.

48 ff. *An verschiedene Schüler individuell gegebene Hauptübungen:* Die in diesem Teil enthaltenen Hauptübungen sind zeitlich nicht näher zu bestimmen. Einzelne darunter könnten auch erst nach Aufhören der Esoterischen Schule gegeben worden sein. Für den Abdruck standen folgende Unterlagen zur Verfügung:

Übung Seite 48–49: Originalhandschrift Rudolf Steiners.
Übung Seite 50: Handschrift Marie Steiners.
Übung Seite 52: Handschrift Marie Steiners mit der Bemerkung «gegeben einem Russen, der nach Helsingfors zum Kurse reiste». Die Übung wurde für denselben von Marie Steiner ins Russische übersetzt.
Übung Seite 53: wurde schon beim Erstdruck durch Marie Steiner wiedergegeben nach einer ihr zur Verfügung gestellten Abschrift.
Übung Seite 54: Originalhandschrift Rudolf Steiners. Erstabdruck in der englischen Ausgabe «Verses and Meditations by Rudolf Steiner», London 1961.
Übung Seite 55: Originalunterlage im Archiv nicht vorhanden. Erstabdruck in der englischen Ausgabe wie oben.
Übung Seite 56: Originalhandschrift Rudolf Steiners. Erstabdruck wie oben.
Übung Seite 57: wie für Übung auf Seite 52.
Übung Seite 58–59: Originalhandschrift Rudolf Steiners.

Übung Seite 60: wie für Übung auf Seite 54.
Übung Seite 61 und 62: Originalhandschrift Rudolf Steiners. Erstdruck in dieser Buchausgabe.

65 *Meditationen, die das Zeitwesen der Hierarchien erfassen:* Diese Bezeichnung wurde von Marie Steiner für den Erstdruck in Heft III «Aus den Inhalten der Esoterischen Schule» gegeben. Der vorangestellte Wortlaut ist einem Brief vom 4. August 1907 an einen persönlichen Schüler entnommen. Der achte Spruch: «Nach dem Vorigen jeden Tag» wurde demnach erst später gegeben. Mit großer Wahrscheinlichkeit kann angenommen werden, daß diese Meditationen anfänglich nur wenigen und erst später allgemein gegeben wurden, denn eine Erwähnung in den allgemeinen esoterischen Stunden findet sich erst ab 1909/10. Der Wortlaut wurde nach einer Originalhandschrift Rudolf Steiners wiedergegeben, in welcher jedoch – deshalb auch im Erstdruck in Heft III «Aus den Inhalten der Esoterischen Schule» – in der Meditation von Freitag für Samstag die drittletzte Zeile fehlt. Diese wurde vermutlich von Rudolf Steiner später eingefügt, denn in einer anderen von ihm vorliegenden Handschrift ist diese Zeile enthalten.

75 *Im Geiste lag der Keim meines Leibes...:* Diese Meditation galt von Anfang an für alle Schüler und wurde vermutlich erstmals im Oktober 1906 gegeben. Jedenfalls findet sich eine erste Erwähnung in den Notizen Marie Steiners von der esoterischen Stunde vom 2. Oktober 1906. Vom Wortlaut dieser Meditation liegt eine Handschrift Rudolf Steiners vor. Sie weist jedoch ganz geringfügige Abweichungen von dem hier und im Erstdruck wiedergegebenen Text auf. Für den Erstabdruck verwendete Marie Steiner einen ihr von einem Angehörigen der Esoterischen Schule zur Verfügung gestellten Wortlaut. Vermutlich hat Rudolf Steiner auch bei dieser Meditation den Wortlaut später noch etwas abgeändert.

Nach der vorliegenden Mitteilung eines Angehörigen der Esoterischen Schule sprach Rudolf Steiner in den esoterischen Stunden vor diesem Mantram zuerst immer den Rosenkreuzerspruch: Ex deo nascimur – in Christo morimur – per spiritum sanctum reviviscimus – und anschließend: «Und der Meister der Weisheit und des Zusammenklanges der Empfindung gibt die Erklärung: Im Geiste lag der Keim meines Leibes...»

76 *Ich schaue in die Finsternis...:* Diese Meditation gab und erläuterte Rudolf Steiner im Vortrag London, 2. September 1923, abgedruckt in «Initiationswissenschaft und Sternenerkenntnis», GA 228. Obwohl die Meditation nicht im Zusammenhang mit der Esoterischen Schule gegeben worden ist, wurde sie doch für diese Ausgabe beibehalten, da sie von Marie Steiner in Heft II «Aus den Inhalten der Esoterischen Schule» veröffentlicht worden war, wohl deshalb, weil Rudolf Steiner sie bezeichnet «als eine Art Meditation zur Gewinnung des Ich», deren Worte «jedem Menschen der Gegenwart heute in die Seele geschrieben werden können».

77–81 Bei diesen fünf Meditationen, welche einzelnen Schülern gegeben wurden, ist nicht nachweisbar, ob dies innerhalb oder außerhalb der Esoterischen Schule erfolgte:

77 *O Gottesgeist erfülle mich:* Nach einer Originalhandschrift Rudolf Steiners. Bekannt unter der Bezeichnung «Gebet für Kranke».

78 *Es offenbart die Weltenseele sich:* Von dem Empfänger der Meditation für den Erstabdruck in der 2. Auflage von Heft I «Aus den Inhalten der Esoterischen Schule» Frau Marie Steiner zur Verfügung gestellt. Originalhandschrift nicht im Archiv.

79 *Es leuchtet die Sonne:* ⎫ Von Marie Steiner in «Aus den Inhalten der Esote-
80 *Ich trage Ruhe in mir:* ⎬ rischen Schule» nach ihr zur Verfügung gestellten
81 *Sieghafter Geist:* ⎭ Texten veröffentlicht. Originalhandschriften nicht im Archiv.

Die Bezeichnung «Meditationsworte, die den Willen ergreifen» für die Meditation «Sieghafter Geist...» gab Marie Steiner bei der Erstveröffentlichung in «Aus den Inhalten der Esoterische Schule». In einem zur Verfügung gestellten Text heißt es auch «Bitte um Starkmut». In der vorletzten Zeile muß es nach zwei vorliegenden gleichlautenden Texten «Wallt als Quelle», nicht wie im Erstdruck «Waltet als Quelle» heißen.

82 *Für einen Verstorbenen:* Aus einem Brief Rudolf Steiners an ein Mitglied vom 31. Dezember 1905. Siehe auch «Unsere Toten» (Ansprachen, Gedenkworte, Meditationssprüche 1906–1924) GA 261.

85 *Esoterische Stunde in Berlin am 24. Oktober 1905:* Es ist dies die einzige von Rudolf Steiner selbst aufgezeichnete esoterische Stunde. Die Niederschrift erfolgte für Frau Anna Wagner in Lugano, welche bei der Stunde nicht anwesend sein konnte. Der darin angeführte Spruch: «Strahlender als die Sonne...» ist nicht von Rudolf Steiner, sondern die Meditation, welche alle Schüler der Esoterischen Schule der Theosophical Society als erste erhielten. Im englischen Originaltext lautet sie:

> More radiant than the sun
> Purer than snow
> Subtler than the ether
> Is the Self
> The Spirit of my heart.
> I am this Self
> This Self am I.

und existiert in vielen Sprachen. Es ist anzunehmen, daß die Übertragung ins Deutsche von Rudolf Steiner vorgenommen wurde. Später ersetzte er diese Meditationsformel durch die von ihm selbst geschaffene: «In den reinen Strahlen des Lichtes / Erglänzt die Gottheit der Welt...».

90 *Notizen von der esoterischen Stunde in Berlin am Karfreitag, 13. April 1906:* Text nach der vorliegenden Handschrift eines Zuhörers. Der am Schluß stehende Spruch «Urselbst, von dem wir ausgegangen sind...» findet sich in anderer Fassung in «Wahrspruchworte», GA 40. Zu den Ausführungen: Der Yogaschüler

macht Atemübungen (Seite 91) vgl. die Schilderung des orientalischen, christlichen und christlich-rosenkreuzerischen Schulungsweges in den Bänden «Vor dem Tore der Theosophie» (Stuttgart 1906), GA 95; «Die Theosophie des Rosenkreuzers» (München 1907), GA 99.

95 *Notizen von der esoterischen Stunde in Berlin am 2. Oktober 1906:* Erster Text nach der vorliegenden Handschrift Marie Steiners, in welche Rudolf Steiner eigenhändig die Zeichnung machte; zweiter Text nach der vorliegenden Handschrift eines anderen Zuhörers. Erstabdruck in dieser Ausgabe. Hinsichtlich der erwähnten Epochen der Menschheitsentwicklung: fünfte, sechste Wurzelrasse, Unterrassen usw. vgl. «Die Geheimwissenschaft im Umriß» (1910), GA 13.

99 *Notizen von der esoterischen Stunde in Berlin am 14. November 1906:* Text nach vorliegenden handschriftlichen Notizen eines Zuhörers.

103 *Notizen von der esoterischen Stunde in München am 6. Juni 1907:* Text nach vorliegenden handschriftlichen Notizen eines Zuhörers. Erstabdruck in dieser Ausgabe.

110 *Kurze Notizen von der esoterischen Stunde in Berlin am 9. Oktober 1907:* Text nach vorliegenden handschriftlichen Notizen eines Zuhörers.
Korrekturen gegenüber dem Erstdruck in Heft I «Aus den Inhalten der Esoterischen Schule», welche schon von Marie Steiner für eine Neuauflage vorgesehen waren:
Die in dem Absatz: «1250 fing eine geistige Strömung an, die ihren Höhepunkt 1459 erreichte...» genannte Jahreszahl 1250 hieß früher «1050», was wahrscheinlich auf einem Fehler des Aufzeichnenden beruht; vgl. hierzu die Angaben Rudolf Steiners in «Die geistige Führung des Menschen und der Menschheit» (1911), GA 15; sowie «Das esoterische Christentum und die geistige Führung der Menschheit» (Einzelvorträge aus den Jahren 1911/12), GA 130.
Ferner wurde in demselben Absatz korrigiert die Angabe vom Beginn des Zeitalters des Gabriel von früher «1050» in «1510», nach der folgenden Notizbucheintragung Rudolf Steiners zu dem Vortragskursus «Das Initiaten-Bewußtsein» (Torquay August 1924), GA 243:

1879–1510	Gabriel	(Mond)	850–500	Zachariel	(Jupiter)
1510–1190	Samael	(Mars)	500–150	Anael	(Venus)
1190– 850	Raphael	(Merkur)	150 n. Chr.–200 v. Chr.	Oriphiel	(Saturn)

Zu ergänzen ist, daß das Michaelzeitalter von 1879 bis ca. 2300 gerechnet wird. Eine ausführliche Darstellung der Bedeutung des Jahres 1879 findet sich z. B. in dem Band «Die spirituellen Hintergründe der äußeren Welt. Der Sturz der Geister der Finsternis» (Dornach 1917), GA 177.

112 *Notizen von der esoterischen Stunde in München am 16. Januar 1908:* Text nach vorliegenden handschriftlichen Notizen eines Zuhörers. Erstabdruck in dieser Ausgabe. Zu den Ausführungen vgl. Vortrag Dornach 3. Januar 1915 «Über das künftige Jupiterdasein und seine Wesenheiten» in «Kunst im Lichte der Mysterienweisheit» (Dornach 1914/15), GA 275.

119 *Notizen von der esoterischen Stunde in Berlin am 26. Januar 1908:* Auszug aus den Notizen dieser im übrigen gleichlautenden Ausführungen wie in München am 16. Januar 1908.

125 *Ansprache zur Grundsteinlegung des Dornacher Baues:* Diese im Anschluß an die feierliche Handlung der Grundsteinlegung, und zwar ganz im Duktus einer esoterischen Stunde gehaltene Ansprache, wurde von Marie Steiner in die Veröffentlichungen «Aus den Inhalten der Esoterischen Schule» aufgenommen. Der Text der Ansprache ist – wenn auch lückenhaft – nur dadurch erhalten geblieben, daß ein der Stenographie kundiger Zuhörer unter den ungünstigsten Bedingungen – bei schlechtem Wetter und Fackelbeleuchtung, denn die Feier fand Ende September abends von ca. 18.30 bis ca. 20.30 Uhr statt – auf dem Rücken eines Nebenstehenden versuchte, nachzuschreiben. Seine handschriftliche Übertratung dieser Notizen liegt heute im Archiv vor. Einige Korrekturen und Einfügungen gegenüber dem Erstdruck gehen auf den Vergleich mit dieser Handschrift zurück, die nachfolgenden Sinn-Korrekturen (vgl. Seite 127) dagegen auf Marie Steiner:

im Abendland ausgelöst worden ist: Die Niederschrift hat hier «abgelöst».

Sehnsuchtsschrei nach dem Geiste nicht erhört würde: Die Nachschrift hat hier «nicht erfolgen würde».

ahrimanischen Ansturm der Mauren: In der Nachschrift folgt hier noch anschließend der Nebensatz: «als hergezogen ist von der anderen Seite zunächst der gute Ahriman», welcher wegen seiner Unverständlichkeit bzw. wahrscheinlicher Unvollständigkeit schon von Marie Steiner im Erstdruck weggelassen wurde.

126 *Hyle der Welt:* In früheren Ausgaben hieß es «Hülle der Welt», was vermutlich auf einen Übertragungsfehler zurückgeht.

129 *Als erstes des Fünften Evangeliums:* Weitere Ausführungen siehe in «Aus der Akasha-Forschung – Das Fünfte Evangelium» (Einzelvorträge aus den Jahren 1913/14), GA 148.

130 *als Geisteslichtes Offenbarer gedankenkräftig auch noch dann bezeugen...:* Schlußworte des vierten Mysteriendramas «Der Seelen Erwachen». In «Vier Mysteriendramen» (1910–1913), GA 14.

135 *Exegese zu «Licht auf den Weg» von Mabel Collins:* Diese innerhalb der Theosophical Society sehr bekannte «Schrift zum Frommen derer, welche, unbekannt mit des Morgenlandes Weisheit, unter deren Einfluß zu treten begehren» von der englischen Theosophin Mabel Collins (1851–1927) wurde in den 80er Jahren von Baron Oskar von Hoffmann ins Deutsche übersetzt. Rudolf Steiner schrieb den ersten Teil seiner Exegese an Weihnachten 1903 und den zweiten Teil im Sommer 1904 nieder, an dessen Schluß es noch heißt: «Fortsetzung in allernächster Zeit». Diese Fortsetzung ist nicht erfolgt. Die damals noch gebrauchten indisch-theosophischen Ausdrücke sind in anthroposophischer Terminologie wie folgt zu verstehen:

Seite 135   Kama Manas = Verstandesseele
      136   Kama = Astralleib
      139   Pralaya = Zeit zwischen den Verkörperungen des Erdplaneten im Gegensatz zur Verkörperung = Manvantara
      140   Pitri = Vorfahr
             Dangma = Seher
             K. H. = Bezeichnung für Koot Hoomi, einen «Meister» der Theosophischen Gesellschaft; vgl. den letzten Hinweis auf Seite 173.
             Mentalleib = niederes (gewöhnliches) Ich

Zu den Ausführungen des zweiten Teiles der Exegese vgl. «Aus der Akasha-Chronik» (1904–1908), GA 11.

141   *«Strahlender als die Sonne / Reiner als der Schnee…»*: Vgl. Hinweis zu Seite 85.

146   *Meditation im Zusammenhang mit «Licht auf den Weg»:* Zu Beginn der Esoterischen Schule gab Rudolf Steiner als Meditationstext des öfteren die kleine Schrift «Licht auf den Weg» an, insbesondere die ersten vier Sätze daraus. Diese hier erstmals abgedruckte Meditation (gegeben Mai/Juni 1904) war eine der allerersten von Rudolf Steiner innerhalb der Schule allgemein gegebenen Hauptübungen, weshalb auch hier die Formel noch lautet: «Strahlender als die Sonne / Reiner als der Schnee…» vgl. Hinweis zu Seite 85.

147   *Exegese zu «Die Stimme der Stille» von H. P. Blavatsky:* Text nach der Handschrift Rudolf Steiners. Erstabdruck in dieser Ausgabe. Ebenso wie bei der Exegese zu «Licht auf den Weg» hieß es auch hier am Schluß: «Fortsetzung nächstens», die jedoch ebenfalls nicht erfolgt ist.
        H. P. Blavatsky (1831–1891), Gründerin der Theosophischen Gesellschaft und deren Esoterischer Schule. Vgl. hierzu «Mein Lebensgang» (1923–1925), GA 28.

      Wer des Geistes Stimme: Die Übersetzung der beiden Sätze aus «Die Stimme der Stille» ist hier von Rudolf Steiner frei wiedergegeben.

Hinsichtlich der mehrfach erwähnten «Meister» weist Rudolf Steiner auf hochentwickelte Individualitäten hin, welche für die Evolution der Menschheit von größter Bedeutung sind. «Diese erhabenen Wesenheiten haben den Weg bereits zurückgelegt, den die übrige Menschheit noch zu gehen hat. Sie wirken nun als die großen ‹Lehrer der Weisheit und des Zusammenklanges der Menschheitsempfindungen›.» (Aus einem Brief an ein Mitglied, Berlin 2. Januar 1905). Vgl. auch Rudolf Steiner/Marie Steiner-von Sivers, «Briefwechsel und Dokumente 1901–1925», GA 262.

LITERATURHINWEIS

(GA = Rudolf Steiner Gesamtausgabe)

Zum Inhalt dieses Bandes sei auf folgende Werke Rudolf Steiners verwiesen:

1. Grundlegende und weiterführende Schriften

Theosophie. Einführung in übersinnliche Welterkenntnis und Menschenbestimmung (1904)   GA 9

Wie erlangt man Erkenntnisse der höheren Welten? (1904/05)   GA 10

Die Stufen der höheren Erkenntnis (1905–08)   GA 12

Die Geheimwissenschaft im Umriß (1910)   GA 13

Ein Weg zur Selbsterkenntnis des Menschen. In acht Meditationen (1912)   GA 16

Die Schwelle der geistigen Welt. Aphoristische Ausführungen (1913)   GA 17

Anthroposophische Leitsätze. Der Erkenntnisweg der Anthroposophie – Das Michael-Mysterium (1924/25)   GA 26

2. Vorträge

Welche Bedeutung hat die okkulte Entwickelung des Menschen für seine Hüllen – physischer Leib, Ätherleib, Astralleib – und sein Selbst? (10 Vorträge Den Haag 1913)   GA 145

Okkulte Wissenschaft und okkulte Entwickelung – Einweihung. Christus zur Zeit des Mysteriums von Golgatha und Christus im 20. Jahrhundert (2 Vorträge London 1913)   Einzelausgabe aus GA 152

Exakte Erkenntnis der übersinnlichen Welten. Christus vom Gesichtspunkte der Anthroposophie (2 Vorträge London 1922)   Einzelausgabe aus GA 218

Das Initiaten-Bewußtsein. Die wahren und die falschen Wege der geistigen Forschung (11 Vorträge Torquay 1924)   GA 243

3. Veröffentlichungen zur Geschichte und aus den Inhalten der Esoterischen Schule 1904 bis 1914

Zur Geschichte und aus den Inhalten der ersten Abteilung der Esoterischen Schule von 1904 bis 1914 (Briefe, Rundbriefe, Dokumente und Vorträge)   GA 264

Zur Geschichte und aus den Inhalten der erkenntniskultischen Abteilung der Esoterischen Schule von 1904 bis 1914 (Briefe, Dokumente und Vorträge aus den Jahren 1906 bis 1914 sowie von neuen Ansätzen zur erkenntniskultischen Arbeit in den Jahren 1921 bis 1924)   GA 265

Die Tempellegende und die Goldene Legende als symbolischer Ausdruck vergangener und zukünftiger Entwicklungsgeheimnisse des Menschen. Aus den Inhalten der «Esoterischen Schule» (20 Vorträge Berlin 1904 bis 1906)   GA 93

Grundelemente der Esoterik (Notizen von einem esoterischen Lehrgang in 31 Vorträgen Berlin 1905)   GA 93a